Spiritual Rinasce

スピリチュアル
リナーシェ
祈るように生きる

江原啓之

三笠書房

プロローグ

あなたはこれから何回もリナーシェ(再生)していきます。
——どんなときでも輝く自分になる本

決して偶然ではありません。あなたがこの本を手にしたことは……。

そんな書き出しで始まった『幸運を引きよせる　スピリチュアル・ブック』(三笠書房・王様文庫)が刊行されたのは2001年。

そのとき本を読んでくださった方、そして今初めてこの本で「スピリチュアル」な考え方に触れるという方、どちらにももう一度、お伝えしたいと思います。

決して偶然ではありません。今、あなたがこの本を手にしたということは……。

歳月が経《た》つと、人生にはさまざまな変化が訪れます。

けれど、変わらないものもあります。

その不変の真実を、私はこれまでの著作に記してきました。


人は死んで無になる「肉体」だけの存在ではないこと。

「たましい」は永遠であること。

人生において、幸せとは何か。

幸せになるためには、どうすればいいのか。


けれど残念なことに、私たちは忘れます。どんなに大切な真理でも、日々の雑事に流されるように生きているうちに、いつの間にかどこかに置き忘れてしまいます。

そしてハッと気づいたときには、暗闇にひとりでいるようなさびしさに悩んでいたり、他人と自分を比べて嘆いていたり。憎しみや恨《うら》み、不平不満で胸がいっぱいになっていたり……。

それは、生きることで仕方なく身に降り積もる〝垢《あか》〟のようなものです。

垢は、デトックスしてください。そのために、この本を書き下ろしました。

タイトルの「リナーシェ」とは、「再生」という意味のイタリア語です。

再び、生きる。

心を新たに甦《よみがえ》らせ、生き直すことです。

たとえあなたが今、どんな状態であろうとも、「たましい」の存在を思い出し、その法則に照らし合わせながら生き直すことで、必ず幸福へと続く道が拓かれます。

人は誰でも、どんなドン底からでも、必ず「再生」できるのです。

そのためには何が必要でしょうか。

——祈るように生きることです。

☆「祈る」とは……「想いをこめる」こと「丁寧に生きる」こと

「祈る」というと宗教的なことを連想しがちですが、それとは違います。既存の宗教における祈りは、その対価として神仏に何かをお願いする、ということが多いものですが、それは依存です。本当の「祈り」は、依存心とはまったく異なります。

祈るとは、想いをこめて、丁寧に生きることです。

食べる、眠る、働く、といった日常の一つひとつの行為をおろそかにしないこと。

出会う、ふれ合う、別れる、といった人とのかかわり一つひとつに心をこめること。

この世に命を与えられた「時間」に感謝して、一分一秒を無駄にせず、懸命に生きること、です。

そして、祈るとは、「自分を愛すること」でもあります。

自分を甘やかすこととは違います。何が自分のたましいにとって本当に必要なことなのか、それを真摯《しんし》に自らに問うことです。

鞭《むち》打つように厳しく問いただす必要はありません。静かに自分を振り返れば、答えは見えてきます。今の自分に何が足りないのか、本当はみんな自分でわかっているからです。

「かくありたい」という自分、「理想の自分」を、あなたは知っています。

それこそが「本当の自分」だからです。

「だらしない人になりたい」「充実していない人生を送りたい」と思って生まれてくる人はいません。すべての人は、よりよくなるためにこの世に生まれてきたのです。

それを思い出して、「本当のあなた」に戻ればいいだけです。

生まれたときのたましいのまま、清らかで美しい自分に戻る。

それが「祈る」ということです。


水平線から昇る朝日を見たことがありますか?

薄くたなびく雲を従えて、オレンジ色に輝く太陽が暗い海の上に一本の道をつくる。

地球上でもっとも美しい光景のひとつです。その景色を目にするたびに、私の心に「祈り」という言葉が浮かびます。

誰かを許せない、誰かに勝ちたい、得になることは何か、損はしたくない、なぜ私だけが、自分なんてダメだ……。そんな雑念はすべて、暗い海の中に投げ捨てておけばいいのです。

ただ、太陽に導かれた一本の道、その光の道を行けばいい。

本来あなたがあるべき美しい姿で、心おだやかに生きられる道を、感謝しながら歩めばいい。
それが「祈るように生きる」ということです。
そしてその先に、本当のリナーシェ＝「再生」があります。

この本では、さまざまな状況で具体的にどのように考え、行動することが、「祈るように生きる」ことにつながるのか、リナーシェを可能にするのかを見ていきたいと思います。

第Ⅰ部は、人生のさまざまな場面で困難にぶつかったときの「祈るように生きる」その考え方、対処のしかたを、第Ⅱ部は、日常の暮らしの中での「祈るような日々の過ごし方」を記しました。
人生には何ひとつ無駄なことは起こりません。すべては学びです。「祈るように」生きることで、学びを深めることができますし、人生がいい方向へ流れ始めるのです。その考え方のコツをご紹介します。

「祈るように……」という言葉は〝万能調味料〟のようなもの。

心に雲が広がるときは、目を閉じてこの言葉を唱えてください。味の決まらなかった料理が、ハッとするほどおいしくなるのと同じぐらいの変化が必ず起こります。今までとは違う視点から物事を眺められるようになり、心がおだやかになるはずです。そして人生そのものが豊かに充実して広がり始めるのです。

どんなときも、祈るように生きてください。リナーシェを目指して、祈るように生きている人は、天からも地からも人からも愛されます。

あなたは、この世で経験を積み、感動し、そして何度もリナーシェ、再生するために生まれてきました。

今、ページを開いたこの瞬間から、あなたのリナーシェへと続く祈りの道が始まります。生きる喜びに満ちた人生、望んでやまなかった人生が、あなたを待っているのです。

Contents

第III部

幸せな変化が次々起こる、「祈るように」暮らす24時間

リナーシェ（再生）のきっかけはここにある

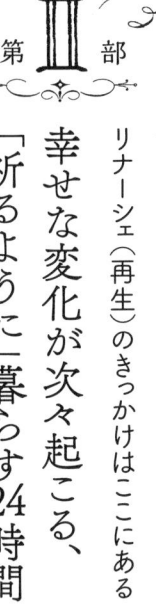

Spiritual Rinasce

第Ⅰ部

たとえどんな困難や悩みがあっても……

リナーシェ（再生）へ続く道は、いつもあなたの目の前にある

乗り越えられない試練などありません

人生は「ままならないもの」です。ラクに生きている人は誰もいません。

それはある意味、当然のこと。なぜなら、「ままならないこと」と格闘し、たましいを磨くために私たちは生まれてきたのですから。

多くの人が、「つつがない人生」を望みますが、「つつがある」からこそ、人生はおもしろいのです。


とはいえ、ときには挫《くじ》けそうになって、何もかも投げ出したくなる日もあるでしょう。けれど大丈夫。人生には乗り越えられない試練は訪れません。どんな苦難にも乗り越えるための方法が必ずあります。

それが、プロローグでも書いた「祈るように生きる」ということ。

第I部では、そのための具体的な方法を記していきます。

ポイントは三つです。

1 自己憐憫《れんびん》をやめる

「私ってかわいそう」と自分を憐《あわ》れむ感情は、人生の妨《さまた》げにしかなりません。自分をかわいそうだと思ってしまうと、感謝すべきことが周りにたくさんあっても、それが見えなくなります。

この世に「かわいそうな人」はいません。みんな時間という宝物を与えられて生まれてきているのです。まずそれを心に刻んでください。

2 責任主体で生きる

何があっても、「人のせい」にしないでください。「犯人探し」をするのをやめましょう。すべては自分の責任です。

あなたの人生をつくっていくのは、ほかの誰でもない、あなた自身です。誰かのせいにしたり、誰かに依存していては、問題を乗り越えることはできません。

3 理性的に生きる

人には、感情と理性があります。怒りや悲しみ、恐怖という感情に振り回されていると、祈るようには生きられません。道しるべは、いつも「理性」です。ものごとを客観的に見つめて、原因を分析し、冷静に対処方法を考える。そうすればあなたのガーディアン・スピリット（守護霊）とプラグがつながりやすくなり、解決方法がひらめくのです。

この三つのポイントを心に留めて、さあ、祈るように歩き始めましょう。あなただけのすばらしい人生、そのリナーシェ、再生の幕開けです。

嫉妬心《しっとしん》を向上心にシフトする。そこからあなたのたましいは豊かに輝きます

周囲の人が自分より優秀で幸せそうに見えるとき、心がざわついて仕方がない。そんな悩みを持つ人がいます。

たとえばAさんは私よりきれいで若々しい。Bさんにはリッチでやさしいパートナーがいる。Cさんは語学が得意……。そんな人を見てイラッとしたり、小さな憎しみを感じたり。

他人と自分を比べたときに生まれる嫉妬心は、心の隙間《すきま》に入りこんできやすいものです。そんなときこそ、「祈る」ということを思い出してください。

祈るように生きていれば、他者は目に入りません。

見えるのは、自分自身が果たすべきこと、それだけです。

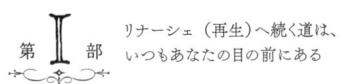

人よりも自分が劣っている、あるいは優れている、というのは、大きな宇宙の視点から見れば、五十歩百歩。そんな瑣末《さまつ》なことにとらわれるのは時間の浪費です。

嫉妬心は、向上心へとシフトしてください。

誰かを妬《ねた》ましい、うらやましいと感じるならば、それはあなたが「その人のようになりたい」ということの表われです。

「その人」は、「こうありたい自分」を映し出してくれる〝メッセンジャー〟なのです。

そのメッセージに耳を傾けましょう。ヘアスタイルが素敵だなと思えばマネをすればいい。英語が話せてカッコいいと思うなら、本やネットで方法を調べて英語を学び始めればいい。

マネることは、マナぶことです。

その努力をせずに、相手を嫌ったり憎んだり、蹴落《けお》とそうとしたりするなら、その心の底には、怠惰《たいだ》とあきらめが潜《ひそ》んでいます。どうせ自分なんて何をしても無駄。向上なんてできない。そういう想いに縛られているのです。

まず、そんな不自由な自分に気づいてください。心に渦巻く感情が、あきらめに基づく嫉妬であると気づいてください。

気づいたら、目を閉じて「祈り」を思い出しましょう。朝の光に導かれた一本の道。その美しい道を歩くあなたの姿をイメージしてください。

自分にはできる、ということが自然にわかるはずです。

あなたは、その嫉妬という感情を乗り越えて、よりよい生き方を選ぶために生まれてきたのですから。

そのとき、心の中の垢《あか》がデトックスされます。あきらめや惨めさ、ラクをしたいという気持ちなどが薄れて、前を向く勇気を取り戻せます。

一足飛びには無理かもしれません。少しずつでいいのです。できることは必ずあります。嫉妬心に気づき、それを向上心へとシフトさせることができたとき、そこからあなたのリナーシェが始まります。

人生はフルコースです。冒険心を胸に、最後のデザートまで味わい尽くしましょう

「自分が将来どうしたいのか、夢が持てません」という若い人の言葉をよく聞きます。現状に満足しているわけでもなく、かといって何かを求める熱い気持ちも持てない。そんな人が増えているようです。

日本人学生の海外留学が減少しているのも、その表われでしょう。そこそこの現状に満足して、あえて冒険をして自分の可能性を切り拓くということをためらう人が多いのです。

それは、インターネットの普及で情報化社会になったことと無関係ではないと思います。情報が多過ぎて「耳年増」になると、現実には体験をしていないのに、すべてをわかったような気持ちになりがちだからです。実際に体験する必要はないと思って

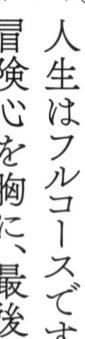

しまうのかもしれません。

けれど、どんなにおいしそうな料理の写真でも、その味まで伝えることはできません。自分の目で見て、鼻で匂いをかぎ、自分の手で口に運び、舌で味わう。それでこそ、本当の意味で「満たされた」という感動を味わうことができます。

そういった現実の体験の中から、さまざまな好奇心や冒険心、自分はこうしたい、という夢があふれてくるのではないでしょうか。

将来に夢が持てないという人は、期限つきでもいいから、思い切って今いる場所から離れてみてください。

ネットの中でしか知らなかった世界へ自分の足で行き、写真やテレビでしか見たことのなかった風景を見て、出会ったことのない人と会話をする。そんな体験こそが、たましいの宝になります。自分ならではのオリジナルな夢が、そこから広がっていくのです。

本当はみんな知っています。仮想空間で満足してはいけないこと、現実に味わう感動こそが大切なことを。けれど、現実へと一歩踏み出す勇気がない。情報が多過ぎるために、臆病になっているのです。

傷つかないように用心することは確かに大切です。けれど、恐れてばかりいては人生の醍醐味《だいごみ》を知ることができません。大きな感動も得られないでしょう。

傷つくことを恐れて一歩を踏み出さない生き方は、スナック菓子を夕ご飯にして満足しているようなもの。その中身は、トレハロースだのスクラロースだの、よくわからないカタカナ名の化学物質がほとんどで、大自然からの恵みとはほど遠いものです。

私たちが生きているこの地球には、美味なるものがたくさんあります。せっかく生まれてきたのです。そのすばらしい恵みを味わわないのは、もったいない。スナック菓子だけで満足していてはいけません。

人生を、味わい尽くしてください。

前菜からメインディッシュ、デザートまで、人生はフルコースで味わいましょう。

命が尽きる最期のときまで、できる限りの冒険に挑戦して生きていきましょう。貪欲《どんよく》になることです。そうすれば、将来への夢も次から次へとあふれるようにイメージできるはずです。

それが、与えられた人生を、祈るように生きるということ。あなたのたましいを豊かにする方法です。本当のあなたは、そのことをよく知っています。

人とのつきあいは「加算法」で。それが豊かな友だち関係を楽しむコツです

「友だち」に悩んでいる人は、とても多いです。

友だちがいない、友だちに裏切られた、友だちを信用できない……。

「友だち」という言葉を私たちはよく使いますが、その定義を考えたことがありますか？

「友だち」の定義は、ありません。なのに、まるで人類共通の定義があるかのように使われている不思議な言葉だと思います。


ひとりでいるのは怖いし、さびしい。そう感じるのは、弱いからです。厳しく聞こえるかもしれませんが、弱いから誰かにすがろうとしてしまう。けれど、「この人が私の孤独を癒《いや》してくれる」と思ってすがるようにつきあうのは、相手に依存すること。

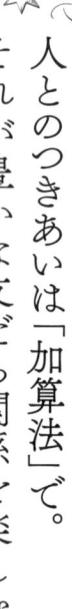

依存心から豊かな関係を築くことはできません。


では、友だちはいらないのでしょうか。いいえ、違います。

今、目の前にいる人と、ただ「共感」できればいいのです。

たとえば同じものを見て笑い合う、おいしいものを食べて喜び合う、お互いの想いを語り合って理解し合う、傷ついているなら寄り添って話を聞く、聞いてもらう。

今、この瞬間、たましいを寄り添わせ、同じ時間を生きている喜びを分かち合う。

祈るように共感すればいいのです。


その関係に永続性がある場合もあるでしょう。けれど、いい関係を長続きさせたいなら、依存はしないこと。そして、期待もしないことです。

相手が自分に何かをしてくれるはず、と期待していると、それをしてくれなかったとき、「裏切られた」という想いが出てきます。

期待しなければ、裏切られることはありません。自立した大人どうしのつきあいができるのです。

「孤独」と、「孤高《ここう》」は違います。

「孤独」とは、人とのつきあいがなく、ひとりでさびしい想いを抱きながら生きること。それは怠惰の結果です。「裏切られる」ことを恐れて、誰ともつきあわなければ、なんの感動も経験も得られません。

人とは積極的にかかわればいいのです。たとえそこで傷ついたとしても、それでたましいが磨かれただけ。他人は自分を磨く〝磨き石〟です。傷ついた経験から学ばせてもらえるでしょう。

そうすれば、「孤高」という生き方に目覚めるはずです。

「孤高」とは、人とかかわるけれど依存せず、期待しない生き方です。

食事と同じで、満腹になるまで食べるのではなく、「腹六分」がちょうどいい。そういうつきあい方のできる人が「孤高の人」です。

もし相手が何かをしてくれようとしたとき、はねのける必要などありません。喜んでその手を借りましょう。期待していなければ、心から感謝ができるはずです。

コツは、最初の期待値をゼロに設定しておくことです。そうすれば何かいいこと、うれしいことをしてもらえたとき、どんどん点数が増えていきます。「加算法」です。

反対に、期待値を百に設定すると、相手が何かをしてくれなかったとき、がっかりしたり、裏切られたと感じたりして、点数がどんどん減っていきます。減点法です。

これをやめれば、人とのつきあいは本当に快適になるのです。

人とつきあうときは期待値ゼロからの加算法で。そうすれば、胸に残るのは感謝だけになるでしょう。

「家族」という幻の鎖にとらわれないで。あなたはいつでも自由です

あなたは自分の家族が好きですか？

「私は家族が大好き」という人もいれば、「嫌い」という人もいます。そして家族が嫌いという人に限って、成人してからも実家で暮らしていたりします。

健康上の理由など、特別の事情がない限り、成人したら子どもは家を出ていくほうがいいのです。これが基本だと思います。

友だちづきあいと同じで、家族も腹六分のつきあいがいいのです。

「毒親」という言葉が、一時期、話題になりました。子どもを愛しているからと言いながら、過干渉して、支配したり抑圧したりする親のことです。確かにそういう親はいるでしょう。けれど親子の関係は、子どもがある程度大人になったら、一方通行の

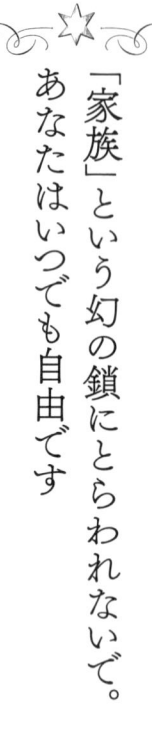

ものではありません。子どもが「支配される」ことに甘んじている、という事実もまたあるのです。

子どもは親に「支配される」ことを選ばなくてもいい。

過干渉には、NOと言えばいいのです。

象は、いつも鎖につながれていると、いざ鎖がなくなっても動くことができないといわれます。幻の鎖にとらわれてしまうのは、人も同じではないでしょうか。

子どもの側から離れていけば、「毒親」にはなれません。

自分がいつも用心して身構えていれば、泥棒に入られることはないのと同じです。

有名なピアニストのエピソードですが、彼女の友だちの中に、手癖が悪いと噂になっている人がいたそうです。みんな、その人を避けるようになりましたが、ピアニストだけは友だちづきあいを続けたといいます。

「なぜって？　私は泥棒なんかさせないから」

自分がしっかりすることで、相手に罪を犯させない。そして、相手のよい面を引き出しながらつきあっていく、というのです。

たとえ何かあったとしても、それは自分の責任だという覚悟があれば、誰とでもつきあうことができるでしょう。

「あの人は泥棒するらしい」という噂を信じて離れていくのは簡単ですが、さびしい生き方です。

相手との関係性を決めるのは、自分。すべての責任は自分にあるのです。

他人の噂に安易に左右されず、きっぱりと潔いそのピアニストは、祈るように生きている人だと思います。

あなたにあなたを縛りつける「毒親」と思える親がいるなら、「毒親」にはさせない、過干渉も支配も受けない、と決意すればいいのです。そのために家を出ることが必要なら、出ればいいでしょう。

「親が心配だから」「かわいそうだから」といって実家から出ない人もいますが、親には親の人生があります。それは子どもが責任を持てるものではないのです。

親に対して「もっとこうしてあげたい」などと子どもが思うのはよけいなお世話。それは逆に親に対する過干渉です。

人は、自分の人生にしか責任を負うことができません。

自分の人生に責任を持つこと、それが自立と自律です。

日本の風習に逆らうようですが、私は親の面倒をみることは子どもの義務ではないと考えています。

同様に、子どもが義務教育を終えたあとまで、親が子どもの面倒をみる義務はありません。子どもが生きるための知識や技能をある程度、身につけたら、あとはプラスアルファの援助で充分です。

家族だからといって、依存し合い、もたれ合うから、ゆがみがでてくるのです。

人は基本的にひとりで生きるもの。ひとりで生まれ、ひとりで死んでいく存在です。もちろん、それをサポートし合う家族という存在は大切です。けれど、まずはそれぞれがひとりの人間として、その枠組みをはっきりさせることが前提なのです。

そのうえで、あとは二十八ページで書いた加算法です。

相手が何もしてくれないことが当たり前。期待値をゼロにしてつきあえば、たまに電話をかけてきてくれたら、とてもうれしいはずです。病気になったときに面倒をみてくれると「ありがたい」という気持ちにもなるでしょう。親子の間でも、感謝が生まれ、遠慮が生まれるのです。

そんなのは理想論で、実際にはもっとドロドロしてしまう、と思う人もいるかもしれません。けれど、理想を目指していないと、そこに到達することはできません。

私たちはみんな、たましいの奥底では「理想」を知っています。その理想を思い出せばいいだけ、本来の自分を取り戻せばいいだけです。

そうしないと「家族を愛せない私ってダメ」などと思ってしまうでしょう。そういう間違った自己嫌悪や後悔、雑念で自分を汚す必要はありません。

理想を忘れると、汚泥《おでい》に沈みます。

汚泥にまみれることなく、理想を目指して、祈るように生きてください。

他人の言葉に傷つく人へ。あなたの中にある「依存心」に気づいていますか？

友人や職場の人たちから何か言われて傷ついた経験は、誰にでもあるでしょう。言葉は刃物としての側面もあるので、斬りつけられたと想えば痛みます。

そんなときは、なぜ痛いのか、考えてみてください。

言われたことが図星だからです。

図星でなければ、「は？　何を言っているの」で笑って終わりです。

私が講演会で、よくたとえ話にするのは、

「私がデブと言われて怒るのは、自分がデブだとわかっているから」。

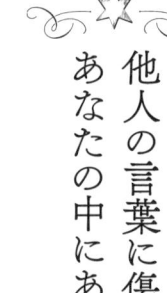

それと同じなのです。

傷つくということは、言われたことに思い当たる節があるということ。それは本当のことで、だからこそ言ってほしくなかった、ということです。
傷ついて悲しくなる気持ちはわかりますが、その感情に溺《おぼ》れてはいけません。
「かわいそうな私」という「自己憐憫」による涙は、悩みを深めるだけです。

理性的に、「なぜ傷ついたのか」を自分で分析して理解してください。刃と思える
その言葉は、ガーディアン・スピリットからのメッセージでもあるのです。
それが理解できれば、後の行動が変わります。

「本当のこと」を言われたから傷ついた。ではその真実の姿をどう変えていくのか。
あるいは変えないで生きていくのか。
そのとき大切なのは、「責任主体」という考え方です。
自分の人生の主人公は自分です。他人の言葉や評価に振り回される必要はまったく
ありません。
自分のことは自分が一番よくわかっています。
「私はこれでいい」と思うのであれば、そのままでいいし、「ちょっと変えたほうが

いいかな」と思えるなら変えればいい。それだけのことです。

言われた言葉がいつまでも忘れられない場合、それは相手に対して「依存心」がある証拠です。

本当はやさしくしてほしかったのに、逆にキツイことを言われてしまった。だからダメージが大きくて忘れられないのです。とすれば、その裏には、相手に対する過大な期待があります。

前述したように、人に期待し過ぎるのは、依存するのと同じ。依存するから、振り回されるのです。

人に振り回されない自分の軸をしっかり持ちましょう。

相手に依存していなければ、傷つきません。まず、依存しないこと。そして、その言葉をきっかけに成長することです。

相手に対する怒りや憎しみから、同じことをやり返してやりたいと思うかもしれませんが、それをしてしまうのは「成長しない人」の特徴です。相手と同じ土俵に立つ必要はありません。

この世には「因果《いんが》の法則」があります。

「因果の法則」とは「因果律」のことで、自分が蒔《ま》いた種は自分で刈り取らなければならないということです。

いいことをすれば、いいことが返ってくるし、意地悪をすれば意地悪が返ってきます。

だから何を言われても、放っておけばいいだけです。やがて自分のしたことを理解する出来事が返ってきて、そのとき気づくことができるでしょう。

相手はあなたを成長させてくれるために、わざわざ悪い徳を積んでくれたのです。

そう思えば、感謝の気持ちすら出てくるのではないでしょうか。

マザー・テレサの言葉に、

「すべては内なる神との間のことであって、ほかの人との間のことであったことは一度もなかった」

というものがあります。

人が何を言おうと、関係ないのです。祈るように、自分と対話をすればいいだけ。自分の中にいる神に対して、自分の正しい在《あ》り方を問う。それだけでいいのです。

もし、いつまでもその言葉が忘れられなかったり、相手にも同じことをやり返したいという想いがくすぶるなら、

「私は今、成長を放棄しているんだ」

と想うことです。

自らの成長を放棄すること。それはもっとも自分を傷つける行為です。自分を愛していない行為といってもいいでしょう。

本当の意味で、あなた自身を愛してください。

何があなたのたましいを成長させ、輝かせるのか。それを理解し実践してください。

「大我《たいが》の愛」を、自分自身に向けましょう。

「大我の愛」とは、ひたすら相手のためを考えて尽くす愛のこと。

その反対が自分の利益を優先する「小我《しょうが》の愛」です。

「傷つけられた、かわいそうな私」と泣くのは「小我の愛」で自分を愛している人です。

一時は心が慰《なぐさ》められるかもしれませんが、たましいは成長しません。いつまでも傷をひきずり化膿させてしまうのです。

ただひたすら自分のたましいにとって何が必要か、何が本当の幸せに続く道なのかを冷静に考える。そんな「大我の愛」であなた自身を愛してください。

「かわいそうな私」と思って泣くのはやめましょう。あなたの周りに愛はたくさん降り注いでいます

自分の肉親からかけられ傷ついた言葉が忘れられない、という人も前項と同じことです。

確かに無神経な言葉で子どもを傷つける親はいるでしょう。けれど、人はみな自分の親を選んで生まれてきます。自分に必要な課題を与えてくれる家族を選ぶのです。

家族とは、たましいが学び合う学校です。

子どもを愛せない、平気で傷つける、厳しく支配する、そういう親を選んで生まれてきたということは、そこで得た傷を乗り越える、克服するということが、その人の人生の課題だということ。つまり「家族からの自立もしくは自律」がテーマなのです。

親に傷つけられたことが忘れられない、というその気持ちの根底には、厳しいよう

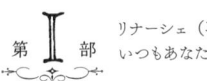

ですが、家族への甘えがあります。

「親なら、子どもを傷つけたりしないはず。親は子どもを愛して当然」という考え方が根底にあるから、傷が癒えないのです。


血がつながっていても、たましいは違います。それぞれ別の課題を持って、現世に生まれてきたのです。親には親の、あなたにはあなたの課題があります。

あなたのたましいの家族は別にいるのです。目には見えない非物質世界であるスピリチュアル・ワールドには、たましいのふるさとであるあなたの「グループ・ソウル」が存在します。

それをコップの水にたとえると、あなたはその中から飛び出してきた一滴の水。現世で課題をこなし、より純粋で濁《にご》りのないたましいになってコップの中に戻ることがあなたの使命です。

あなたは、あなたのグループ・ソウルをより向上させるために、その代表として現世にやってきたのです。

そして、グループ・ソウルの中には、あなたのガーディアン・スピリットがいて、いつもあなたを導き成長を見守っています。そのことを忘れないでください。

現世において、親に愛されずに育った、私の親は毒親だ、という人でも、たとえば友人や職場の仲間、先輩、恋人、パートナー、そういった人たちから、心あたたまる言葉をかけてもらっているはずです。そういう人たちとの絆《きずな》を大切にしてください。傷つけられたという想いで心をいっぱいにしていると、今そばにある愛に気がつけません。

親の愛だけが絶対ではないのです。視野を広く持ちましょう。うつむいて涙していた顔を上げれば、そこには必ず、あなたを愛し、心にかけて、笑顔を向けてくれる人がいるのです。その愛に気づいてください。その愛に応えてください。

確かに、幼いころ家庭の中で愛されなかったという記憶は、心の中にある「愛の電池」、すなわち愛を受け取ったり、外に向かって愛を放ったりする電池の容量を小さくして、愛を貯めにくくしているかもしれません。

でもあなたは、自分のその傾向に気づくことができます。気づけば、変えていくことができます。

周りにたくさんある愛に気づくこと。それに応えて自分からも愛することで、心の中の愛の電池の容量は増えます。たっぷり充電できるようにもなるのです。

この世に「かわいそうな人」はいません。あなたも「かわいそうな人」ではありません。

その事実に気がつけば、傷は癒えます。そのとき、本当のリナーシェが始まるのです。

「自己嫌悪」がやめられない人へ。運命はあなたが想う通りに変えられます

この世に完璧な人はいません。誰でも「こんな私ってイヤだ」と思う部分を抱えて生きています。人はみな、そういう未熟な部分を克服するためにこの世に生まれてきたのですから、あって当たり前なのです。

自分にイヤな部分があるからこそ、私たちは何とかしてそれを克服しようと思います。それが「向上心」です。自分に「足りない」と思う部分があるからこそ、人は自らの向上や成長を強く願う「向上心」を持ち続けることができるのです。

ですから、「イヤだ」「足りない」と思う部分に気づいているなら、それを克服するために行動しましょう。

怠惰な土地に花は咲きません。

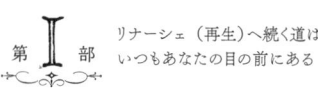

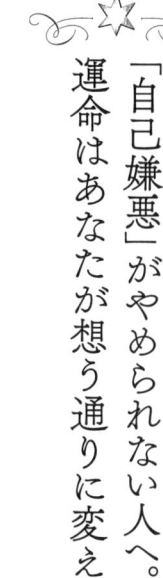

逆にいえば、努力をすれば必ず花は咲くのです。

「でも、私にはできないから」などと言っている場合ではありません。

時間は有限なのです。「できない」と言っている時間がもったいない。時間こそ、私たちの最大の財産です。


「私はダメだから」と言っている人に限って、何もしようとしていません。

能力がないから、というのは言い訳です。能力のない人など、この世にいないのです。自分に能力がないと思うのは、ある限られた能力だけがすべてだと考えているからでしょう。人にはさまざまな能力があり、さまざまな活かし方があるのです。視野を広く持てば、それが見えてくるはずです。

たとえば、ひとつのことに集中するとほかのことがおろそかになってしまう、などという性質も、活かし方によっては、無敵のパワーを生むことがあります。集中が必要な細かい作業や、几帳面でなければ務まらない職場に行けば、そういう人はとても重宝がられるでしょう。

人の才能は、活かしようによっては、とてつもなく大きく活かすことができるものなのです。

その視点を、自分自身に対して持てるかどうかです。

視野を広く持って、客観的な目で自分を見つめてみてください。あなたの中にも、活かせる宝が必ず眠っているはずです。

性格についても同じです。よく性格は変えられないといいますが、他人の性格ならともかく、自分の性格です。当然、変えることはできます。

「宿命」と「運命」は違います。宿命は、持って生まれてどうしても変えられないもの。たとえば、どんな両親のもとに生まれるかは宿命です。けれど、その両親のもとで何年暮らすか、どんなふうに暮らすかは、自分で選べます。それは運命です。

持って生まれた自分の性格も、宿命ではなく、運命なのです。

自分で「こんな性格はイヤだ」と思うなら、変えていきましょう。そのための方法はいくらでもあります。周囲にいる素敵な人、「こんなふうになりたい」と思える人をマネすることでもいいでしょう。性格分析や心に関する書籍をたくさん読むことでも発見はあるはずです。

運命は、変えられる。

まずそれをしっかりと意識しましょう。

自分の中にある「イヤな部分」は、神様から与えられた課題です。それを克服するために、悩んだり苦しんだりしながらでも、少しずつ前に進みましょう。


自分を変えることは、運命を切り拓くこと。

昨日の自分から脱皮して、新しい自分へと成長してください。

そうすれば、周囲の環境も人々も少しずつ変わっていくでしょう。

それはまさにリナーシェ、再生です。日々、リナーシェを続けてください。

それこそが、人が生きるうえでもっとも大きな喜びであり、幸せなのです。

「私を褒めて」「私を見て」という念が渦巻くSNS、疲れ始めたなら距離を置きましょう

今、フェイスブックやツイッター、インスタグラムなどSNSが花盛りです。あなたも「いいね」が気になって、四六時中スマホをのぞいたりしていませんか？

SNSは簡単な自己表現の手段として楽しい側面もありますが、人の反応が気になり過ぎて日常生活がおろそかになったり、同時に写真などから人に知られたくない情報が漏れたり、不用意な発言がバッシングされて「炎上」したり、というリスクもよく耳にします。

私は、SNSにハマってみるのも悪いことではないと思います。

それは、麻疹《ましん》のようなもの。一度、その流行に罹《かか》って熱を出せば、やがては治癒する病気と同じです。一度ハマったとしても、そのうちにうんざりするのではないでしょうか。

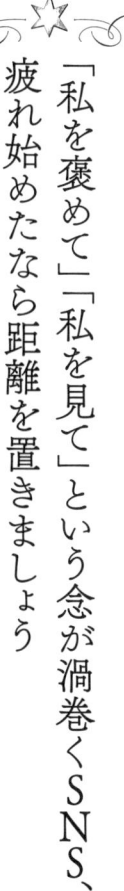

たとえば「炎上」して、汚い言葉を投げつけられ、人が信じられなくなったり、世の中が怖くなったりする場合もあるかもしれませんが、そこで立ちすくむ必要はありません。

「怖い」というのは感情です。感情ではなく、理性を働かせてください。

何が起こっているのか、冷静に分析すればいいのです。

私は、たとえば「デブ」などと書きこまれると、「人を容姿でしか判断できないのは幼稚園児以下。知的レベルが低過ぎる」などと思って、逆にファイトを燃やしたりしています。

世の中には、人を無責任にけなしたり貶《おと》めたりすることで喜ぶ、心の汚れた人もたくさんいます。それを知るだけでも意義があります。

なぜ汚れているのかというと、「自己承認欲求」が強過ぎるからです。

「私をわかって」「私を褒めて」「私を見て」という想いがとても強い。だからちょっとした言葉に、あたかも自分が攻撃されたかのように敏感に反応して、キレたように暴言を投げつけにいく。それが話題になると、自分が認められたかのように錯覚してしまう。

「わかってもらいたい屋」さんや「さびしがり屋」さんが集まりやすいところ。それがSNSの正体です。

そういう分析ができたなら、「人のふり見て、わがふり直せ」。自分は、人を貶めて喜ぶ人たちと同じにはならない、と決意してください。

人間への恐れや不信に向かう心を、自分がよりよくなる方向へとシフトさせましょう。

泥の中から、蓮《はす》の花が咲きます。

世界が汚泥にまみれていたとしても、その中から崇高で美しいものが生まれることがある。それがこの世のすばらしさです。

SNSで、もし痛い想いをしたとしても、その泥にまみれる必要はありません。祈るように理性を働かせてそこから学び、美しい花を咲かせてください。

たましいに栄養をチャージして、他人ではなく自分自身とつながりましょう

ＳＮＳは、その効能と性質を理解したうえでマイペースに楽しむならいいでしょう。

ここでひとつ覚えておいていただきたいことは、芸能人のブログやツイッターは営業ツールということ。一般の人とはまったく違うということも、理解しておいてください。彼らが日常を公開するのは、大多数はそれが仕事だからです。そうやって自分を売りこむこと自体が仕事です。

そういう知識を持たないまま、一般の人がＳＮＳが気になってほかのことが手につかなくなっていたり、なんの変哲もない日常のランチなどをしょっちゅうアップして「インスタ映《ば》え」を気にしているようなら要注意です。

他人に「いいね」と言ってもらってうれしい気持ちになるのはわかりますが、他人からの褒め言葉というのは麻薬のような側面があります。際限なくほしくなり、それ

がないと気分が落ちこむところが麻薬的なのです。

褒め言葉を求めてアップしたのに、反対にバッシングなどされたりしたら、ショックも大きくなるでしょう。アップダウンの激しいジェットコースターのようなもので、乗り続けていると疲れるのは当然です。


SNSの「いいね」を過剰に求めるぐらいなら、自分で自分に「いいね」を出せるように努力してみてはいかがでしょうか。

自分が心を尽くして成し遂げた何かがあるなら、その努力は自分が知っています。他人に褒めてもらえなくても、自分で自分を褒めて充足感を得ることができるのです。

それが「祈るように生きる」ということです。


SNSの「いいね」は、ある意味、まぼろしに過ぎません。

四六時中、スマホを見ている人自身がよくわかっているはずです。それが自分のためしいの本当の栄養になっているのかどうか。

人が自分のことをどう思っているかが異様に気になって、ほかのことができなくなっていたり、充実していない現実を忘れるためにＳＮＳに逃げこんでいたりするなら、たましいは、ますます栄養不足になるでしょう。

私たちは平等に一日二十四時間という時間を与えられているのです。

ＳＮＳにくぎづけになる時間があるなら、夜ふかししたりせずにぐっすり眠りましょう。そうすれば心にも体にも栄養をチャージすることができます。

ＳＮＳで誰かとつながっていたいと想うより先に、まず自分とつながりましょう。自分だけに見せる日記を書いて、自分の心を内観してください。自分が本当は何を求めているのか、どんな人生を送りたいのか。じっくり見つめてください。

その答えは、ＳＮＳの中にはありません。

「伝わる言い方」をマスターするために、必要なのは「感情」ではなく「理性」です

仕事で手を抜く同僚、家事を一切やろうとしないパートナー、遅刻して平然としている友人、などなど、相手の迷惑を考えないその態度に「文句を言いたい」と思いながら、つい「いい人」のふりをして何も言えない、という人がいます。

言いたいのに、言えない、というのは、まだ本当には「言いたい」という想いが高まっていないのでしょう。

人は、本当に空腹になれば食べるように、本気で言いたくなれば言うものです。

「言いたいこと」がマグマのように胸の奥に溜《た》まっていくと、次第にボルテージが高まり、自然に言葉となって表面に出てくるはずです。

「言いたい」「言わなくちゃ」と思っているうちは、まだその時期ではないということです。

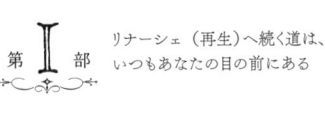

ただ、我慢に我慢を重ねていると、本当に火山が爆発するような伝え方になってしまいますから、そこは要注意です。感情的に大爆発しても、相手には伝わりません。自分が何に腹を立てているのか、どう改めてほしいのか、それを冷静な言葉で、理路整然と伝えることが必要です。

繰り返しますが、大切なのは、感情ではなく、理性なのです。

スピリチュアルな視点からいうと、人間の肉体の上には「幽体《ゆうたい》」（ソウル）、さらにその上には「霊体《れいたい》」（スピリット）が重なるように存在します。感情を司《つかさど》るのは「幽体」、理性を司るのが「霊体」です。霊界に伝わるのは、霊体が支配する「理性」なのです。

ですから、「助けてください」と感情的に泣きながら神頼みをしても、霊界には伝わりません。

理性的、客観的に今の状況を分析し、「こういうことで困っています。どうすれば解決できますか」と問いかけたとき、霊界にいるガーディアン・スピリットと、「プラグがつながる」のです。ピッとインスピレーションが湧いて、知恵がひらめきます。

霊体、すなわち理性を優位にしないとメッセージは伝わってきません。

幽体、すなわち感情を優位にすると、同じレベルの想念を引き寄せる「波長の法則」で、似たような感情的な霊が憑依《ひょうい》してくるだけなのです。


けれど、何事も経験。我慢の果ての爆発を繰り返して「ああ、これでは伝わらないんだな」「何も変わらないな」ということを、実感として知ることも大切です。

沸騰しているお湯の入ったやかんに手を触れると、「アチッ」とやけどをする。その体験があれば、次からは気をつけることができるでしょう。それと同じです。

「その体験から学ぶ」ということが大切なのです。

そうすれば失敗は成功のもと。次からは、もっと伝わる言い方ができるようになるはずです。

感情ではなく、理性を道しるべに行動すること。そして、どんな体験からも学ぼうとする姿勢を持つこと。それが、祈るように生きるということです。

仕事は生きる手段のひとつ。手段はいくらでもあるのです

どんなに働いても仕事が終わらない……とため息をつきながら終電に飛び乗る人もまだまだ多いようです。過剰な残業によって心身を病み、自死する人までいます。

もしあなたが今、そんな状況にいるなら、「祈るように仕事をする」ということの意味を考えてみてください。

それは、会社に対して過剰なサービスをすることではありません。

あなたの役割は、自分の仕事の能力に見合った仕事を果たすことだけ。それを越える仕事を命じられたら、やる必要はないのです。

祈るように仕事をするとは、自分の義務を果たし、権利を主張すること。

義務を果たしているなら、「それ以上のことをする必要はない」という権利を主張

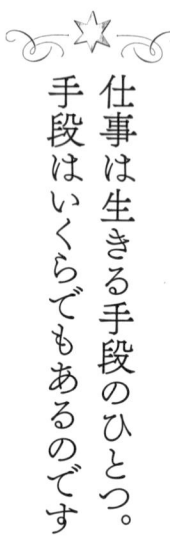

すればいいのです。「能力がないと思われたくない」とか「左遷や減給が怖い」などと怯《おび》える気持ちはわかります。

けれど、あなたは、仕事をするために生きているのではないのです。生きるために、仕事をしているのです。

仕事は生きる手段です。手段はひとつではありません。

今の仕事が自分の限界点を越えていると思うなら、転職すればいい。たとえどんなに有名な大企業に勤めていても、自分の命を投げ出してまで尽くす価値はありません。計画性を持って、別の仕事を探せばいいのです。

仕事における自分の「限界点」を見極めることが大切です。質量ともに、自分にできることと、できないことがある。現時点での自分の「仕事の器《うつわ》」を知ることです。

仕事を通して自己承認欲求を満たそうという想いが強過ぎると、その見極めを誤ります。周りから「できる」と思われたくて、がんばり過ぎる人は要注意です。

たとえ誰かに認めてもらえなかったり、「仕事ができない」と思われたりしたとしても、それであなたの価値が損なわれるわけではありません。あなたは生きているだけで充分に価値がある存在だからです。

また、人に命じられたり与えられたりすることに慣れて、自分の頭で判断する習慣をつけていない場合も、自分の「仕事の器」がわからなくなります。


人に聞くのではなく、自分で自分に問いかけてください。

無理をしていませんか？

日々、祈るように、働けていますか？


そこがわかったら、あとはユーモアを武器にしてみましょう。

昔のサラリーマンの中には、残業を命じられても「ドロン」と言って忍者のように消える人がいました。いわばサラリーマン忍術です。周りの人は苦笑したり文句を言ったりしながらも、なんとなく受け入れていたものです。

昔から「お調子者」と言われる人は、無理難題のかわし方が上手です。相手の言葉をストレートに受け止めるのではなく、笑いに変えることができる。そういう柔軟性を持つことも、防御策のひとつではないかと思います。

ただし、ユーモアでかわすためには余裕が必要です。ひとつのことに集中して、周りが見えなくなっているときこそ、目を空に向けて大きく深呼吸をしてみてください。

余裕と笑顔を取り戻したら、自分は本来どう在《あ》りたいのか、どう働くことが自分の道を生きることになるのか、もう一度、自分自身に問いかけてみてください。

祈るように、心おだやかに働く道。それは、誰の目の前にも必ずあるのです。

上司になることは、第二の親になること。部下の「たましいを育てる」視点を持ちましょう

パワハラを受けて悩む人もいれば、逆の立場の人もいるのが今の時代です。

「こんなことを言ったら、パワハラと思われないだろうか……」

そんなふうに考えて、部下に気を使っている上司も多いのです。


部下は弱い立場のように見えますが、周囲に守られている側面もあります。

実際の現場では、「取り扱いキケン」なお荷物になっている場合もあるでしょう。

でも、最初から「仕事ができる人」はそう多くはありません。それを指導していくのが上司の仕事です。


しかし、ある程度の年齢になった人間を、「一から育てる」のは、難しいこと。誰にでも、今まで生きてきた中で身についた考え方や行動の仕方があるからです。

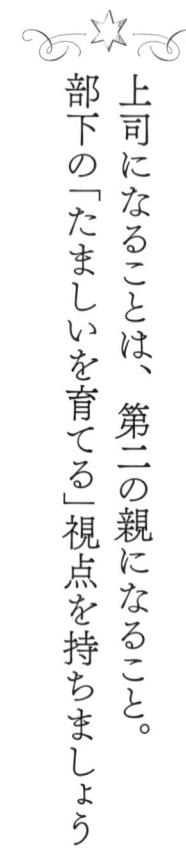

親になること、上司になることはどちらも大変なことですが、親のほうがどちらかといえばラクなぐらいです。ゼロから教えるほうが早いからです。

今までの経験に加えて、持って生まれた、たましいの特徴もあります。それらを考慮に入れながら、仕事ができるように導いていくのは、並大抵のことではありません。

祈るように部下を育てるとは、その困難を覚悟したうえで、相手の人間性に対する指導までしていくことです。

今、目の前にいる部下は、仕事をするために生まれてきたのではなく、生きるために仕事をしているのです。仕事は、人生の一部に過ぎません。

ですから、仕事の技術を教えるだけにとどまらず、仕事を離れたその人の人生までも見通した指導が必要になってきます。

たとえば、中途半端に仕事を投げ出す部下に対して、どう指導すればいいのか。

仕事面でのさまざまな損失を出さないための指導は当然、必要です。それに加えて「なぜ、そうしてしまうのか」という視点からの指導が大切なのです。

なぜ無責任なことをしてしまうのか、その背景にある性格の弱さ、考え方の甘さなどなどは、仕事だけでなく、その人の人生全般に影響を及ぼすことです。

ひとつのミスから見えてくる根本的なことを指摘して、正していくことです。表面的なことを注意するだけでは、モグラたたきのようなもの。何も解決できません。

ただし、相手の人生を心から思いやるやさしさや、相手からの信頼が築けていない場合は、そういった深いところを指摘することは、人格的な攻撃と受け取られかねないでしょう。

それは親子の関係とよく似ています。

上司になるということは、部下にとっての「第二の親」になるということです。

自分がなぜ厳しく注意しているのか、仕事の技術だけでなく人生そのもの、人格そのものにかかわることまで言及するのか、その意図も含めて、丁寧にコミュニケーションを取ることも必要でしょう。

相手を想う親のような気持ちが伝わり、仕事のネックとなっている根本的な性格の傾向に意識を向けることができるようになれば、状況は改善していきます。

そうなることを目指して、ともに仕事をする時間を大切に、丁寧に過ごすこと。それが祈るように部下を育てることです。

大変なことですが、それは上司であるあなたのたましいにとっても、大きな学びになるはずです。

「適職」を軸足に、「天職」を楽しむ。それが幸せへの近道です

仕事がつまらない。望んでいた職種とは違う。そういうときは意欲も湧かず、毎日が砂を噛《か》むような味気ないものになるでしょう。

基本的に、仕事はつまらないものです。楽しいだけの仕事はありません。けれど、仕事はありがたいもの。時間と労力を提供すれば、対価がもらえて暮らしていける。そのシンプルな構造に目を向けてください。

仕事は、生活の糧《かて》を得るためのものなのです。

たとえつまらなくても、その仕事をすることで食べていけるなら、それは「適職」です。

生きがいや楽しみは、仕事以外の活動で得ればいいのです。趣味でも社会活動でも

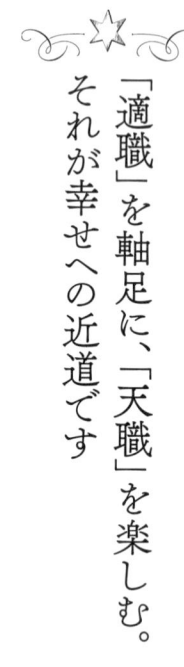

いいでしょう。それが「天職」です。

適職と天職を分けること。その大切さを、私はこれまで何度も述べてきました。多くの人が、適職と天職を同時に満たしたいと願います。好きなことをして食べていける道が理想的だと思えるのでしょう。

けれど食べていこうとするなら、「好き」だけではすみません。

たとえばドラマが好きだからシナリオライターになりたいという人が、運よくドラマづくりの現場に入れたとしても、最初から自分の好きなようにドラマが書けるわけではありません。

プロデューサー、監督、俳優、スポンサーからのさまざまな注文を受けて書き直しに次ぐ書き直しです。その中で自分が書きたいものを見失わずに、ヒット作を生み出し続け、生活していけるのはほんのひと握りの人です。

ほかの職種でも同じことです。「好き」を仕事にするのは、一見、夢があるように聞こえますが、とても険しい茨《いばら》の道なのです。

ですから、まずは適職に軸足を置いて、動ける範囲で自分の「好き」＝天職を追いかけるほうがいい。

いろいろなことを試しているうちに、動ける範囲も広がって、本当にやりがいのある何かに巡り合うこともあるでしょう。

けれど、軸足をはずしてしまえば、結局は天職も見つけられないままフラフラとさまようことになりかねません。

今は適職という自分の軸足をはずしても、「実家の両親が養ってくれる」と考えて、簡単に仕事を辞めてしまう人が多いのです。実家に戻れば、とりあえず住むところはあるし、ご飯も出てくる。そういう環境に甘えてしまうのでしょう。

普通はなかなか入れないような大企業でも、仕事がつまらないからなどという理由で簡単に辞めてしまう若い人を見ると、首を傾《かし》げたくなります。

もちろん、先ほど述べたように、いわゆるブラック企業ならしがみつく必要はありませんが、適職と天職を分ける、と意識を切り替えることで解決する仕事の悩みは多いのです。

たとえば家族の誰かが事故にあったと仮定してください。治療費や入院費、障害が残ったとしたら、その後の一生分の介護費、生活費など、かかる費用は莫大です。保険だけで賄《まかな》えるものではないでしょう。

そんなとき、働くことでお金を得る手段があることが、どれほどありがたいことか。仕事にやりがいがない、つまらない、などと言ってはいられないでしょう。

極端なたとえかもしれませんが、そんなふうに視点を変えてみることで、見えてくることもあります。

簡単に「辞める」という結論を出す前に、働くことの意味について、祈るように考えてみてください。

今、目の前にある仕事に全力を尽くす。それだけで職場の人間関係も評価も変わります

職場はディズニーランドではありません。職場が楽しくある必要はないのです。職場の人間関係に悩んでいる人には、いつもそうお伝えしてきました。職場の人間関係の目的は、仕事をうまく回していくことです。

それなら仕事に支障が出ないように、「そつなく」こなせばいいだけで、楽しさまで求める必要はないのです。

そつなくこなすためには、祈るように相手と向き合うことです。

心の表面に泡立つ想いはいったん飲みこんで、じっと相手を観察してください。

この人は何を一番に望んでいるのか。言葉に出していることの真意は何か。

それがわかれば、「気を使う」のではなく、「気を利かせる」ことができるはずです。

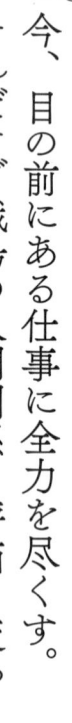

「気を使う」のは、自分の存在をアピールするために、焦点を定めず動くこと。

「気を利かせる」のは、相手が快適になることは何か、相手の望みは何かをよく観察し、そのツボを押さえて動くことです。

「気を利かせる」ことは、どんな相手に対するときでも大切なことです。


ただし、職場では相手の要求すべてを受け入れる必要はありません。こちらが応じられることと、応じられないことはあります。

それをしっかり理解したうえで、相手と自分の想いを上手にすり合わせていく。その匙《さじ》加減が大切になってきます。

理不尽なことや意地悪なことをされる場合もあるでしょう。きっぱり反論できればいいのですが、立場上、そうできないときは、ボランティアをしていると考えてみてください。その人のストレス発散の相手をしてあげる、というボランティアです。

よきも悪しきも、自分がしたことの分だけ等しく返ってくるという「因果の法則」で、自分の蒔いた種は、自分で刈り取るようにできています。あなたはそれで徳を積むことができるので、別の場面でいいことがあるでしょうし、相手は自分がしたことと同じことが返ってくるのですから、放っておけばいいだけです。

周囲の人から評価してもらうために、無理をして相手の要求に応えようとする人もいますが、他人の評価は気にしないこと。人の評価は当てにならないからです。

今、目の前にある仕事に、自分の最大限の能力を使って、最高の成果を出せるように尽くせばいいだけ。評価はあとからついてきます。

とはいえ上司からの評価が給与や昇進にも響いてくるとなると、心おだやかではいられない気持ちもわかります。あなたがどれだけ懸命に働いても、個人的な好みや相性を言い訳に、評価を下げられる理不尽も経験するかもしれません。それは悔しいことでしょう。

けれど、人生に無駄はありません。その悔しい想いを学びとして、あなたは部下を公平に評価する上司になればいいのです。

闇を知れば、光がわかります。光に向かう道は、いつも目の前にあります。

どんなときも祈るように前を向いて、その道を歩いてください。

失敗した理由、その中にこそ大きなチャンスが潜んでいます

仕事で大きなミスをして会社に損失を与えたり、信頼を失ったりすると、二度と立ち直れないような気分になりがちです。落ちこんだり、投げやりになったりもするでしょう。

けれど、どんな場合でも、ピンチはチャンスです。失敗した。取り返しがつかない。ドン底だ。そう思うときこそが、チャンスなのです。

ピンチをチャンスに変えるために、やるべきことがあります。

祈るように、自分のした行動を見つめてください。なぜ失敗をしたのか。理由は必ずあります。たとえば成果を求め過ぎるあまり突っ走ったなら、その物質的価値観がどこかでひずみを生んだのかもしれません。

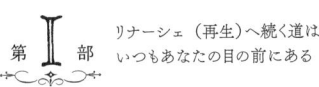

仕事なのだから、物質的価値観を追求するのは当然と思われるかもしれませんが、仕事だからこそ、モノや金銭、評価といった目に見えるものだけでなく、目には見えない価値を大切にする姿勢が必要です。

あるいは、仕事に自分の想いをこめることができたかどうか。祈るように、大切に丁寧に一つひとつの工程を積み上げてきたか。

または、周囲とのコミュニケーションが不足していなかったか。基本的な上司への報告・連絡・相談（ホウレンソウ）を怠っていなかったか。思慮深さ、計画性、注意力が欠けていたケースもあるでしょう。

失敗した理由を、ありのまま見つめて、分析することです。

そこには見たくない自分の姿があるかもしれません。その姿から逃げないことです。見ないふりをして逃げてしまうと、また同じミスを繰り返すことになります。しっかりとたましいが学びを得るまで、同じことが繰り返されるようにできているのです。祈るように自分の失敗を見つめて、そこから学んでください。

そうすれば、次にくるのは成功しかありません。

人前で話すとき、緊張しないコツがあります

人前で話すのが苦手、緊張してうまく話せない、という悩みを持っている人は意外とたくさんいます。

そういう人は、まず「誰のために」話をするのかを考えてみてください。

自分をアピールしようと考えて、「自分のために」話をしようとすると緊張します。

「自分をよく見せたい」「よく思われたい」という気持ちが邪魔をするのです。

そうではなく、「聞いてくれている人のために」と考えて、「何を伝えるか」に集中すれば、緊張感が薄れてスムーズに言葉が出てきます。

人前で話をするとき、メインになるのは相手に「伝えたい」という想いです。

ただし、「人が聞きたいと思うこと」を伝えなくては、人は聞いてくれません。「私

が伝えたいことを黙って聞いてよ」では、伝わるものも伝わらないのです。「俺の握る寿司を黙って食え」が通用するのは、確かな腕のある寿司職人だけ。それも度が過ぎれば、お客さんの足は遠のきます。

それと同じで、「聞いてもらう」という謙虚な気持ちが根底にないと、人に何かを伝えることは難しいでしょう。

そのためには、相手が聞きたがっていることは何か、それをよく見極めることです。自分に求められているものは何か、ということに焦点を当て、「かゆいところに手が届く」ような内容を吟味することです。

伝える内容を決めたら、あとは伝えるちょっとしたテクニックがあれば大丈夫。そのために必要なのは、何よりまず準備をすることです。

私が講演会で話すときは、必ずメモを作成して準備を徹底します。下準備でその講演の出来が左右されるからです。

まずお客様が何を望んで来てくださるかを考えて、「今回の一番のテーマはこれ」というテーマを決めます。

生け花の「真《しん》・副《そえ》・控《ひか》え」の考え方を応用して、真、すなわちメインを定めるのです。マンネリ化するとおもしろくないだろうから新鮮な話題を探すことも心がけます。準備を整えて講演会に臨むと、お客様の反応がとてもいいのです。「目からウロコでした」という反応が必ずあります。それは、事前にお客様に「求められていること」と、自分が「伝えたいこと」をすり合わせ、徹底して準備をしているからでしょう。

何の下準備もなしに人前で話をして、うまくいくことはまずないと考えてください。

仕事ではなく、地域やPTAの会合などで話をする場合も、自分に何が求められているのか、その役割をしっかり意識して話すことです。そして大切なのは、そこで必要以上に好かれよう、いい人と思われようとしないこと。子どもが卒業するまでたかだか数年間のつきあいです。どう思われたとしても、気にする必要はありません。子どもに迷惑がかからない程度に、適度に参加しておけばいいだけ。全人格的にかかわろうとすると、無理が出てきます。

その分、自分の家庭や仕事、本当の仲のいい友人とのつきあいにエネルギーを使いましょう。

そういう使い分けをすることは、冷たいことでもなんでもありません。むしろ自分の身を守るためには必要なこと。

地域や学校のために自分ができることをしたうえで、あとは自分の暮らしを大切に守っていくことに心を配ればいいのです。

自分のエネルギー配分を間違わないこともまた、祈るように生きるためには重要なことだと思います。

婚活とは、「生涯かけて学び合う相手」を探すことです

自由な時間もなくなるし、家族づきあいも面倒くさい。結婚にメリットを感じられないから結婚なんてしたくない、という人が増えました。その一方で、婚活パーティも花盛り。出会いを求めて、努力をしている人もたくさんいます。

どちらの場合も、まずは「結婚」について、どういうものなのかを深く考えてみてください。

恋愛は「感性」の勉強、結婚は「忍耐」の勉強です。

恋愛では、感情が大きく豊かに揺れ動きます。喜び、悲しみ、愛しさ、切なさ。恋愛真っ最中の胸のドキドキは、たとえ片想いでも得難い体験であり、幸せです。

一方で、結婚は忍耐の勉強です。大恋愛の末に結婚したとしても、恋愛感情は永続

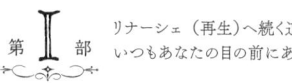

するものではありません。

非日常であるときめきが消えたあと、長く続くのは日常です。

胸ときめかしていた恋人は、人生の荒波を乗り越えていく相棒になるのです。

相棒にドキドキしていては、うまく船を漕《こ》げません。長い航海の中では、お互いの欠点が目についたり、不平不満が生まれたりするでしょう。そのとき互いに自分のわがままをぶつけたり、イヤになって逃げたりしていては、船は難破してしまいます。

そこをどう乗り越えていくか。それが学びなのです。


結婚は甘いものではありません。修行なのです。それに先立つ恋愛の幸せは、その修行を乗り越えるための前払いのご褒美のようなもの。それがないと、人は結婚しなくなりますから。うまくできているのです。

こういうことを結婚前に言われても、なかなかピンとこないかもしれません。けれど、結婚を甘いだけのものと勘違いして婚活に励み、たとえうまくゴールインできたとしても、そのあとが続かないでしょう。

考え方も違えば、生きてきた環境も違う二人が、息を合わせて船を漕いでいくのです。「ともに生きる」と簡単に言いますが、決して簡単なことではありません。ときに憎み合う場面もでてきます。その大変さを想像しておくことはとても大切なこと。

そういう意味で、婚活とは、「一生涯かけて学び合う相手」を探すことなのです。

それを理解したうえで、出会いを求めてどんどん外に出ていきましょう。

ヒグマだって、巣の中にこもっていては、エサを捕ることはできません。ひとつの川にサケがいなかったら、別の川に行ってみる。川がダメなら、海へ行く。それぐらいの行動力が必要です。

そして、祈るように出会ってください。

どんな出会いにも意味があります。なぜ今、自分はこの人と出会ったのか、その意味を丁寧に読み解いていくことです。

いい出会いであれば、結婚まで進んで、想いは成就するでしょう。

もし成就しなかったとしたら、それはなぜだったのか、分析してください。

自分は相手の何に惹かれたのか。たとえば表面的なやさしさに騙《だま》されたのではないか。あるいは経済力だけを見て、その人自身の心の在《あ》り方、価値観や考え方を見ていなかったのではないか。

そんなふうに、自分自身の人との向き合い方を反省して、学ぶことができたなら、相手に対しては恨みよりも「学ばせてもらった」という感謝の気持ちが湧いてくるはずです。

その想いがあれば、「波長の法則」で、新しい出会いが必ず巡ってきます。

すべては自分の波長が引き寄せること。その原則を胸に刻んで、心おだやかに、祈るように生きてください。そうすれば、あなたにふさわしいご縁が結ばれる日は、そう遠くないはずです。

別れに感謝できる人には、次の出会いが待っています

恋をして、さまざまな感情を味わうのはすばらしいこと。恋愛は感性の勉強ですから、恋はたくさんすればいいのです。

誰も好きになれない、出会いなんかないと思って、家に引きこもるのはもったいない。

「出会いたい」と強く願う気持ちが、いい出会いを引き寄せます。毎日を祈るように丁寧に過ごしていれば、「波長の法則」で、いい出会いに恵まれるのです。

ただ、その恋がすばらしければすばらしいほど、終わったときの喪失感は大きく、「もう二度と人を好きになることはない」と思い詰めてしまう人がいます。

後ろを振り返ってばかりいると、恋を「成仏《じょうぶつ》させる」ことができません。なくした

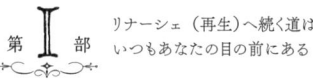

恋を忘れる必要はありませんが、思い出に変えることはできます。

二度と誰も好きになれないと思えるほど、人を好きになれた。それはすばらしいことです。それほど好きになれる相手と巡り会えたことに感謝してください。

出会いがあれば、別れは必ずあるのです。たとえ結婚したとしても同じです。

誰もが必ず経験する別れなら、心の中を悲しさや後悔、恨みなどで染めてしまうのではなく、感謝という色を一滴垂らしてみましょう。暗かった心の色が、次第に明るく、美しく変わっていくのがわかるはずです。

何億、何十億といる人の中から、たったひとり、その人と巡り会えた奇跡のような事実。それはたとえ別れたからといって、なくなるものではありません。あなたは奇跡を体験できた。そのことを思えば、感謝しかないでしょう。

出会いと別れに対して感謝する人には、また次の出会いが用意されています。

誰かにご馳走してあげたとき、「おいしかった。ありがとう」と言う人に対しては、またご馳走してあげたくなるものですが、それと同じです。

つらい別れに涙する日々があってもかまいません。でも感謝の心で、恋を思い出に変えたら、顔を上げましょう。

そして次の出会いに向かって歩いてください。

別れを経験するからこそ、人は深く、美しくなります。それがリナーシェ、再生です。

出会いも別れも大切にして、祈るように、恋をしてください。

「永遠の絆《きずな》」はなくていい。自分の足で立つ覚悟が、幸せを呼びこみます

結婚が決まった女性には、「おめでとう」の次に、私は必ず「できれば仕事は辞めないで」と言うようにしています。

結婚は、以前言われていたような「永久就職」などではないのです。

家庭に入って専業主婦になるという選択をするとしても、契約書を交わすべきだと思います。

『逃げるは恥だが役に立つ』という契約結婚を描いたドラマがヒットしました。主婦という仕事をする代わりに、お給料をもらう。結婚にその視点を持ちこんだことが新鮮で、それがヒットした理由のひとつだと言われていますが、私は以前から、そうするべきだと考えていました。

主婦というのは立派な家事労働です。それが無報酬だということがおかしいのです。

その不自然さに気づかないで結婚すると、どんなに家事や子育てをがんばっても、「誰に食べさせてもらっているんだ」などと夫に言われたり、世間的にも「無職」とみなされて、肩身の狭い思いをしたりすることになるのです。

「私の彼はそんなことを言う人ではない」「世間の目なんか気にしない」という人もいるかもしれません。けれど、長い年月の中では何が起こるかわからないのです。

結婚に「永遠の絆」を求める人が多いのですが、「永遠」とは何でしょう。「絆」とは何でしょう。とても曖昧な概念です。「永遠の絆」の定義などないのです。

今はやさしい彼が浮気をするかもしれないし、職を失うこともあるかもしれません。病気やケガも決して他人事ではないのです。

何が起きても大丈夫なように、綿密に計画を立てることは、絶対に必要です。

結婚後はお互いにどういう働き方をして、家事分担はどうするのか、家計費はいくらにして、家事労働の対価はどうするのか、そういうことをしっかり話し合って契約書にまとめ、できれば公証役場に届けておきましょう。

大げさだとか、冷たい計算ずくの人だと思われそう、などと心配になるかもしれませんが、自分を大切にするために必要なことなのです。

そうすれば、いざ何かが起きたとき、「裏切られた」とか「こんなはずではなかった」と思いながら奴隷のような人生を送らずにすむでしょう。


専業主婦の人で、離婚したいけれど経済力がないからできない、という人を見ると、厳しいようですが、結婚当初からの見通しの甘さ、計画性のなさを感じずにはいられません。

未来のさまざまな可能性を視野に入れて、相手にはこちらの意図を丁寧に伝えてしっかり話し合い、婚姻届けと同時に契約書を交わしましょう。理解してくれないようなら、結婚も少し考え直すぐらいの覚悟でいいと思います。

備えあれば憂いなし。備えがあるから、たとえ何があってもスムーズにリナーシェ、再生への道が拓けるのです。

移り変わる「常識」にとらわれないで。我が子の中に眠る「天才」を見抜いてください

今の子どもはゲームが大好きです。それを嘆く大人は多いのですが、これはもう仕方がないこと。時代は常に変化していきますが、そのひとつの通過点です。避けることはできないでしょう。

単に子どものゲーム熱にとどまらず、今は世の中すべてが機械化、デジタル化、ゲーム化しています。

たとえば、株取り引きも本来は企業支援という理念から始まったものですが、今や売買による利潤だけを目的としたマネー「ゲーム」になっています。

現代のこの地点を通過すれば、やがて「そんな時代もあったね」ということになるかもしれませんが、それはまだわかりません。

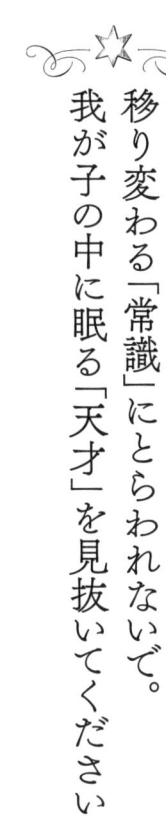

今は、子どもが友だちと一緒に遊ぶといっても、集まってそれぞれゲーム機をのぞきこんでいるだけ。海や山の自然の中で豊かに遊べといわれても、どう遊べばいいかわからず飽きてしまう。そんな姿を見るとかわいそうに思うこともあるかもしれません。けれど、子どもたちは、「今」という時代を選んで生まれてきているのです。

このゲーム化された世の中で、どうやって生きていくのか、それは子どもたち自身の課題です。

変わっていく世の中の動向を見ずに、以前と同じ価値観で「こういう生き方がいい」という親の意見を子どもに押しつけると、子どもは息苦しくなるでしょう。

ただし、変わらないものも確かにあります。それは、「責任主体で生きる」ということ。どんな時代であっても、自分の人生の責任は、親でも教師でも誰でもない、自分自身で取ること。それが自分の道を拓く第一条件であることは変わりません。

たとえばゲームが大好きなら、それでいいでしょう。けれど二十四時間ゲーム漬けになって、先々、自分の人生に責任が取れるのか。それを仕事にできるのか、それとも趣味として楽しむのか。仕事にするなら、それは人生にとって充実した生き方になるのか。趣味なら、食べていくための義務をどういう形で果たすのか。権利だけを主張して、義務を果たさない人は生きてはいけません。子どもにもこういうことをきちんと教えましょう。

逆にいえば、義務を果たすなら、自由に権利を主張できるのです。

ゲームやアニメ、デジタル機器に夢中になる子どもたちに、一方的にダメ出しをしても何も解決しません。ゲームをやらせるか、やめさせるかという二者択一ではなく、ゲームについて、さらには生き方について、常にディスカッションすることが親の務めだと思います。

我が家でも、子どもたちには「好きなことをやりたいなら、その前に自分がやるべきことをしてから」と言っています。

学校の勉強や、健康的な三度の食事をとることなど、義務をきちんと果たし、自分の人生を自分で築く覚悟を持てるなら、あとは何をしても自由です。

親は、子どもの生き方に対して「A」「B」「C」と判定を下す必要はありません。

時代によって、多様な生き方があり、それは変化していくものです。

さまざまなジャンルで「天才」と呼ばれるような突出した子どもがマスコミをにぎわすことがありますが、それを見てうらやむ必要もありません。

目の前の我が子も「天才」なのです。

天から授かった才能を、誰もが持っています。それを見抜いて、祈るように育ててください。今、世間で流行っているかいないかにかかわらず、それが「好きでたまらない」という子どもの想いと可能性に蓋《ふた》をしないことです。

想像してみてください。

もし子どもが事故や病で寝たきりになったとしたら、生き方の判定などしないでしょう。生きていてくれるだけでありがたいと思うはずです。その想いが基本なのです。

子どもが自分で決めた道で生きていけるなら、親は何も言う必要がありません。責任主体という根本的な不変の真理を伝えたら、あとは祈るように見守る。それだけでいいのです。子どもは何度も挫折するかもしれません。けれどそのたびにリナーシェしていけるのです。

子育ては、自分自身を見つめる学び。親が変われば子どもも変わります

子育ては、たましいの修行です。ですからもちろんひと筋縄ではいきません。

子育ての基本は拙著『江原啓之のスピリチュアル子育て』（三笠書房・王様文庫）に書いた通り、まずはお母さんが家の中の太陽であること。子どもは植物と同じで、太陽の光がないと育ちません。お母さんの明るい笑顔こそが、子どもの栄養です。

ですから、あれこれ考え過ぎて暗い顔をしているよりは、何があっても「仕方ない、修行だから」と思ってニコニコしているほうが何倍もいいのです。


子どもの不登校やいじめ問題、受験、就職、果ては結婚まで、心配し始めたらキリがありません。

そもそも子育てはボランティア。盲導犬になるための子犬を家庭で預かって育てる

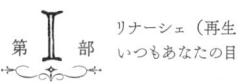

のと同じです。この世に生まれたがっているたましいのために、命と家庭を提供し、ある程度のしつけと、人間に対する基本的な信頼を育てたら、あとは自立できるように手を放していけばいいのです。

子育ての最終的な目標は、子どもの自立です。

子どもには子どもの、親とはまったく違う人生があります。持って生まれた課題があるのです。それを親が代わりに果たすことはできません。

実際、義務教育を終えたら、あとの親の役目は銀行員です。本人がやりたいということに対して、融資してあげられるかどうかの判断をするだけ。

たとえばあなたがスマホを買ったとき、タッチの仕方から電話のかけ方まで、手取り足取り、教えられてもうるさいだけでしょう。

わからないことがあれば自分で調べられるし、必要なときはこちらから聞きます。

親は、お節介な店員になってはいけません。

基本的に、子どもは放っておけばいいのです。

無責任に聞こえるかもしれませんが、ある意味、無責任でなければいけないのです。

「子育てがうまくいかない」という人は、たいていがお節介を焼き過ぎています。

「うまくいかない」というのは、「自分の思い通りにならない」「自分が優越感を感じたり、楽しい想いをしたりできない」ということでしょう。

それは、子どもとはいえ他人の人生を思い通りにしようとすることと同じ。自分がいい想いをしたいがために、子どもの人生をコントロールしようとしてはいけません。

子どもの人生は、自分の人生とは別。

その視点を持っていれば、子どもがたとえ受験に失敗したり、グレたりしても、一定の距離を持って冷静に見つめることができるはずです。

冷静になって、長い子どもの人生を見通せば、たとえ今は失敗と思えることでも、たいした挫折ではないことも感じ取れると思います。

希望の学校に入れなかったとしても、別の学校に入って能力を発揮したり、悔しさをばねに飛躍したりすることはよくあること。

「不良」と呼ばれていた子どもが、酸《す》いも甘いも噛みわけた、いい感じの大人になることも多いものです。


何があってもなんとかなる。そう思って、子どもを信用してください。

子どもには、自分が映し出されます。

何年、何十年も一緒に暮らし、一生懸命に世話をして、ご飯を食べさせてきたのですから、子どもの中には自分が宿っています。その自分を信じればいいのです。


子どもを信用できないのは、自分が信用できないからです。

自分を信用できないなら、まず自分が変わらないといけません。

子どもは親の映し出し。たとえば、親自身が、自分の親に頼りっぱなしで自立できていなかったり、人間不信にまみれていると、子どももその通りに育ちます。

もし子どもの中に「問題」と思えることが見えたなら、それは親である自分の問題です。まずは自分の問題として解決してください。

子どもに何か言うのはそのあとです。

繰り返しますが、子育ては修行です。

祈るように、子どもの姿の中に見える自分の映し出しを見つめましょう。見たくない自分がいたとしても、それが今起こっていることの原因なのです。

原因があるから、結果があります。まずはあなた自身の中にある「原因」を、祈るように見つめること。そこからリナーシェが始まります。

不妊治療で悩む人へ。血縁がなくても家族の絆《きずな》はつくれます

子どもの誕生を望んで不妊治療をしている人は、その結果がどうであれ、堂々と胸を張ってください。治療をする、というだけで、もう充分に立派なボランティアをしているといえるのですから。

繰り返しますが、妊娠、出産、子育てはすべて、この世に生まれたがっている、たましいをサポートする、というボランティアです。

不妊治療は、そのボランティアに手を挙げて、「待っていますよ」というメッセージを霊界へ送ること。たとえ妊娠に結びつかなくても、それだけで充分なのです。

子どもができないとダメだと思いこんだり、人からの評価を気にしたりする必要はまったくありません。

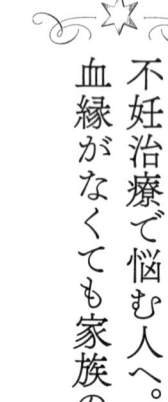

もし授からなくても、子どもを育てたいという気持ちがあるのであれば、「里親になる」という選択肢に目を向けてみてください。

この世には、親のない子と、子のない親がいます。血縁にこだわりさえしなければ、とても素敵なマッチングができて、あたたかい家庭が築けるのです。その中で、お互いに愛情を与え合い、学び合うことができるでしょう。

血のつながった親子でなければ家族になれない、というのは、固定観念に過ぎません。血縁という絆に頼らずとも、新しい絆を一から築くことはできるのです。

私のスピリチュアリズムを学ぶ人々の中には、養子を育てるという選択をしたすばらしい人が何人もいます。

話を聞くと、子どもを育てる喜びも難しさも、血のつながった子どもを育てるのと何も変わらず、むしろ知識があり覚悟ができている分、とても楽しいようです。

ダウン症の子どもの里親となっている人の話も聞きました。大変ではないかと想像する人もいるかもしれませんが、むしろダウン症児の特徴である無垢な純粋さ、おだやかなやさしさ、明るさが、周囲のみんなを幸せにしてくれていると言います。心配なのは、持病があるという点ぐらい。自立は難しいケースが多いと思いますが、家族として長く一緒にいられるのですから、親としてはうれしいのではないでしょうか。

どんな場合も、「世間がどう思うか」などと考えていては、幸せにはなれません。幸せは、自分の中にあるのです。あなたは何を幸せだと感じるのか。そこに焦点を当ててください。

自分で考えているつもりでも、周囲の意見や世間体、差別意識などが、無意識のうちに入りこんで心が曇っていないか、いつもチェックしてください。

世間体ということを考えるなら、アメリカでは有名俳優などが養子を育てるケースも多く、養子を迎えることはむしろステイタスなのです。

国や地域、時代が変われば、簡単に変わるのが世間体。そんなものに振り回されて、あなたの心からの幸せ、心からの喜びを見失わないでください。

自分の中にある幸せ。小さくてもあたたかいその光を目指して生きてください。そうすれば、今は小さい光でもやがて大きく強くなります。

そして気がつけば、あなたの周りに幸せが満ちあふれているのです。

どんなトンネルにも出口はあります。引きこもる暗闇に、「大我《たいが》の愛」の光を届けてください

家の中から出られない「引きこもり」が社会問題になってから、かなりの時が過ぎました。今はその高齢化が問題になっています。

厚労省もひきこもり地域支援センターを設けたり、心理学者、教育関係者らも個々にさまざまな支援を試みていますが、すぐに解決というわけにはいかない問題です。

引きこもっていても、家の中で何かをしているのならいいでしょう。ひとりで引きこもって自分を見つめる時間が必要な場合もあります。

けれど、ただ自堕落に食べて寝てテレビやパソコンを眺めるだけでは、たましいの成長はありません。親に食べさせてもらっているのですから、依存心ばかりが肥大していきます。

それは人生の無駄遣い。私たちがこの世に生まれてきたのは、多くの感動と経験を

積んで、たましいを磨くためなのですから、その人のためを想えば、絶対に放置していていい問題ではありません。

引きこもりは、その子どもの問題ではなく、親の問題です。いわば「人災」という側面が多分にあるのです。

繰り返しますが、親は家庭の中で太陽でなくてはいけません。植物と同じように、太陽の光がないと子どもは育つことができないのです。

子どもが引きこもっている家のご両親に愛がないとは言いません。けれど、愛し方がわかっていないケースが多いのです。

対症療法を施してはみたものの逆効果になり、打つ手がなくなるとネグレクトしてしまう。手を尽くす前から放置している家庭もあります。ご飯だけ部屋の前に置いて、腫れ物にさわるような扱いをするしかできなくなるのです。

引きこもっている当人たちには、ネットや書籍の情報を通じてでも、外部とつながりたいという想いがあります。けれど時間が経てば経つほどつながり方がわからなくなり、自暴自棄になっていくのでしょう。

親がしなくてはいけないのは、なぜ外に出られなくなったのか、その理由を見極めることです。

引きこもりになったきっかけは、人それぞれで一概にはいえません。

個別に見て何が原因なのか、まずそれを探ること。

持って生まれたその子の性格や、育った環境、友人知人、好きなモノや嫌いなこと、心に響いたであろう出来事、そういうものを振り返り、よく観察し直して、原因が絞りこめれば、解決に向けた最初の一歩になるでしょう。

けれど、これは愛情がないとできません。

世間体や自分の身の保身を考えていては、見えるものも見えてこないのです。

親だけでなく、兄弟姉妹も同じです。将来を考えると不安になる気持ちはわかりますが、我が身の保身だけを考えていては、解決しません。

引きこもっている人の人生の意味と、この先の可能性を、その人になったつもりで本気で考え、暗闇から出ていく勇気を与えることができるのは、「大我《たいが》の愛」を持つ人だけです。自分のことではなく、相手のことだけをひたすら思うのが「大我の愛」。

その愛で相手の心の扉を叩くのは、やはり今まで一緒に暮らしてきた親や家族だからこそできる仕事ではないかと思います。

トンネルには必ず出口があります。

それを信じて、暗闇に「大我の愛」の光を届けてください。自分が暗闇の中にいると思うのであれば、外から届けられる光に気づいてください。どんな人の人生にも、必ずリナーシェ、再生は訪れます。祈るように努力を続けた先に、必ず光はあるのです。

離婚を考えている人へ①

その選択の先に、「心安らぐ未来」がありますか？

結婚生活が始まり、恋愛感情が落ち着くと、素《す》の相手が見えてきます。今まで見えていなかった相手の欠点や、自分とは合わないところも気になってくるでしょう。どうしても一緒に生きていくことができないと思うなら、離婚も視野に入れていいのです。失敗したなら、やり直せばいいだけです。

ただし、相手の非を責めてばかりいると、別れがリナーシェにつながりません。その相手を選んだのは自分なのです。自分の見る目がなかったことを反省し、そのうえでしっかりと計画を立てましょう。

なんとなく相手に不満があるけれど、離婚には踏み切れないでモヤモヤしている、という人が多いのです。

自分がどういう未来をつくりたいのか、どういう人生を生きたいのか、それをはっきりさせれば気持ちは決まるでしょう。


祈るように計画を立てて、未来を描いてください。

漠然と「別れたいけど、どうしよう」と思っているだけでは、未来は描けません。自分の意志で、自分の未来をつくっていく。

それが自分を大切にする、ということ。祈るように生きる、ということなのです。

流れに任せたり、相手にすべて委《ゆだ》ねたりすることは、一見ラクなように見えますが、自分を粗末にしていることにほかなりません。

お店でもいきなり開店はできないでしょう。仕込みが必要です。準備もせずに開店しても、うまくいくはずがないのです。それと同じで、人生にも「仕込みの時間」が必要です。離婚したあとの生活費はどうするのか、住む場所や仕事はどうするか、子どもは大丈夫か、弁護士にも相談して、それらすべてを綿密にシミュレーションすることです。それは自分の未来を築くための行動です。

相手が離婚に応じてくれない場合、自分ひとりでは決められないと思うかもしれませんが、それでもどうしても別れたいなら方法はあるはずです。

その踏ん切りをつけられないのは、打算があるからでしょう。

離婚すると、経済的に今の生活レベルを維持できなくなるケースも多いと思いますが、どちらも求めるのは無理なのです。


何を我慢するのか、それを決めるのも自分です。

何を捨てて、何を選べば、自分の未来は輝くのか。

ここで誤解しないでください。「輝く」とはどこかの檜《ひのき》舞台に立って、キラキラと活躍する、というようなことではありません。

「輝く」とは、心がおだやかで、安らかな状態であることです。

妬《ねた》みも憎しみも恨みも苛立《いらだ》ちもなく、ただ生きてここに在《あ》る命に感謝しながら、静かな笑顔をたたえて生きる。そんな生き方こそが、輝く生き方です。

どうすれば、そんな輝く未来を生きられるのか。祈るように考えてください。本当のあなたは、すでにその答えを知っています。

離婚を考えている人へ②
離婚＝悪ではありません。自分で考えて出した結論こそ、悔いなき人生への道しるべです

「子どもが悲しむから離婚はできない」とか、「子どもが自立して結婚するまでは、両親がそろっているほうがいい」と言う人もいますが、子どもはハウスメロンではありません。ぬくぬくと温室育ちにすると、人生の困難にぶつかったとき、立ち上がれない子どもになるでしょう。

子どもが「悲しいから別れてほしくない」「パパとママに仲よくしてほしい」と言うなら、「理想はそうね。でも、なかなか理想通りにはいかなかった。ごめんね」と謝ればいいと思います。ひどい親だと責められたら、「あなたは理想通りに生きてね」と言えばいいのです。

冷たく聞こえるかもしれませんが、大人には大人の事情があり、子どもの思う通りにはいかないことがある。それを早い段階からわかっておくことは、その子の人生に

とってマイナスだけとは言いきれない、むしろプラスの面も大きいと私は思います。欧米では親子ともに自立していて、「子どもがいるから離婚しない」というケースは少ないようです。その点は、見習ってもいいのではないでしょうか。

つらい思いをしながら夫婦関係を継続し「あなたがいたから別れられなかった」などとつぶやく親と、きっぱり離婚して苦労しながらも心おだやかに前を向いて歩いていく背中を見せる親、あなたならどちらの子どもになりたいですか？

子どものことだけでなく、無条件に離婚＝悪と思っている人も、とりわけ年配の方の中には多いようです。離婚は女性として恥ずかしいとか、嫁いだら最後まで添い遂げるべきだ、とか。

それが自分で本当に考え抜いた結論ならいいでしょう。けれど、世間体を気にしたり、自分以外の人の考えをそのまま無批判に受け入れたりした結果、「離婚はできない」という想いに縛られているとしたら、不自由なことです。

たったひとつ、絶対に考えるべきは、悔やまない人生を生きるにはどうすればいいか、ということ。

人生は、一つひとつの選択の上に成り立つものです。

自分では何も決めず、何も選ばず、世間の言う通り、親の言う通りに生きているとしたら、それはもう自分の人生とは言えません。

祈るように生きるとは、人生の節目、節目で、自分で考え、自分で選ぶ生き方です。

自分で選ぶからこそ「これでいい」と思えます。そこに後悔はありません。

疑似恋愛でも恋は恋。大人の理性があれば、恋のパワーで自分を磨けます

「子どもが巣立ったあと、資格を取ろうと思って習い事を始めたのですが、その先生があまりにステキなので恋をしてしまいました」

そんな主婦からの相談を受けたことがあります。

条件つきではありますが、こういう恋はとてもいいと思います。その先生のことが好きだからこそ、勉強にも熱が入るでしょう。資格もあっという間に取れるのではないでしょうか。相談者は、「好き過ぎて、勉強が手につかない」ということでしたが、そこは方向性を間違えずに、勉強してください。

こういう恋は、アイドルの追っかけをするのと大差がない想いです。韓流《はんりゅう》スターにときめくのも、中高年女性が多いと聞きます。

子育てを終えて時間にゆとりのできた人が、魅力的な異性へのときめきを思い出し

て日常の疲れを癒したとしても、何の問題もありません。むしろ自分をより豊かに成長させていくきっかけにもなるでしょう。

ただし、リアルな不倫にまで走ってしまうのは問題です。夢や憧れが日常にまで侵入してくると、生活を破壊することになりかねません。大人世代であるからこそ、理性を働かせることができるはず。それができないとすれば、現実の暮らしに何か大きな問題が潜んでいるのです。

夢を見るのは、いっときは楽しいかもしれませんが、それはあくまで、いっときの逃避です。行き過ぎると、自分自身を傷つける結果になるでしょう。そうなる前に、リアルな今の暮らしの満足度を高めるために何が必要なのか、考えてみてください。

繰り返しますが、祈るように生きる、とは自分自身を大切にする生き方です。不倫の恋で心身ともに傷つく人を何人も見てきました。本人がその生き方でよしとするのであれば、それも責任主体。周りが何か言うべきことではないとは思います。けれど、客観的に見れば「いつかは妻と別れるから」という相手の言葉にすがるようにして、ただ待つ時間を過ごすのは、自分を大切にする生き方とは言えません。

恋という感情の嵐のさなかにいるときは難しいことでしょう。けれど、人生の指針とするべきは「感情」ではなく「理性」です。

常に、理性を水先案内人にしてください。

その恋が、あなたの人生を幸せなものにするのかどうか。笑顔で振り返ることのできる素敵な思い出になるのかどうか。祈るように、理性で判断してください。

夫婦の間で過大な期待をしないこと。「卒婚」は意義ある選択肢のひとつです

夫婦の間で互いに「好き」という気持ちがなくなることは、自然なことです。先ほども述べたように、結婚は忍耐の学び。恋愛とは学ぶテーマが違うのです。

恋愛感情は、だいたい三年程度でなくなるといわれています。そのあとの夫婦は家庭を経営していく同志のようなもの。よく「空気のような存在」と言いますが、好き嫌いを超越して、たいていは「ナゾの同居人」のようになっていくものです。

海外だと、年季の入った夫婦が人前でも「愛してる」などと言ってキスしたりしていますが、だからといってその夫婦が熱烈に愛し合っているかというとそうとは言い切れません。そう言わなければ離婚に発展するようなお国柄がそうさせているだけかもしれません。

世間的には仲のいいふりをしながら、家庭の中では必要なこと以外口もきかない、

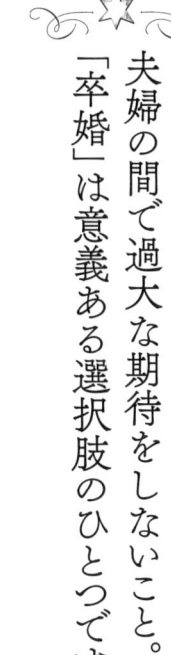

いわゆる「仮面夫婦」。長い年月が経つとそれもまたひとつの形ではあるのです。

ただし「口もききたくない」という場合は、逆にまだ愛している証拠。愛の反対は無関心です。憎しみではありません。

いずれにしろ、まずは夫婦の関係に過大な期待をしないことです。「支え合う関係」ができればいいですが、その望みは依存につながりやすいのです。

人という象形文字は、人と人が支え合っている形ではありません。人が自分の足で歩いている様子を表わす形です。そこを誤解している人が多いのです。

人はひとりで生きるもの。それをベースに考えるほうが、ずっと充実した生き方ができます。

互いにひとりで生きていて、そのうえで、支えるとき支えられるときもあっていいでしょう。けれど最初から、もたれ合いを期待してはいけません。

「夫が尊敬できないから別れたい」という人もいますが、相手の日常のすべてを見ていれば、尊敬するのは難しいでしょう。誰にでもだらしないところはあるし、他人がみれば眉をひそめるようなところもあるのです。

もちろん、人としてどうしても許せない部分があるのであれば、前項でも述べたように、離婚すればいい。きちんと計画を立てて実行すればいいのです。

ただ、いきなり離婚届を突きつけるのではなく、こういう部分を改めてほしいということは伝えておきましょう。相手が定年になったとたん、いきなり離婚届を置いて家出するような形の熟年離婚は、「騙《だま》し討《う》ち」と思われても仕方がありません。

それよりも、ある程度の年齢になっているなら、「こういう理由でもう夫婦としてはやっていけない。家事は必要最低限するので、その対価として生活費は出してください。でも、それ以外のことは求めないで」という契約を交わせばいいのです。たとえば食事はつくるけれど、テーブルは別、という形でもいいでしょう。

結婚を卒業して、新たな契約を交わす。「卒婚」です。

そうすれば、同居はしていてもお互いに自由になれます。相手を恨んだり後悔したりすることもなくなるでしょう。新しい人生を生きることができる。これも立派なリナーシェです。

相手を恨むと、自分のたましいも汚すことになります。相手の非をあげつらい、けなすことは、相手を攻撃して自分を守っているように思えますが、違います。相手だけではなく、その人を選んだ自分の人生までけなすことになるのです。

恨む代わりに、感謝をしてください。たとえ今はどうであれ、出会って、結婚して、生きてきた、その中には、いいことも必ずあったはずです。そこに目を向けて「ありがとう」という想いを伝える。そうすることで、あなたの人生が美しくなります。

相手を恨まず、感謝することで、自分の人生を汚さずにすむのです。

「美しい唇でいるためには、美しい言葉で語りなさい」

これはオードリー・ヘップバーンの言葉です。

誰かを恨みたい、けなしたい、貶《おとし》めたい、そんな想いが湧き起こってきたときには、オードリーのこの言葉と美しい笑顔を思い出してください。

あなた自身と、あなたの人生を美しくする。その手段のひとつとして「卒婚」という選択肢もあるのです。

介護について①
親の老後と、自分の老後、どちらにも綿密な「算段」が必要です

子育てが一段落したころに、親の介護が始まるというケースはよくあります。少しずつ老いて不調を訴える親の様子を見て、いつ本格的な要介護になるのか、ゲームの『黒ひげ危機一発』みたいでハラハラする、と言う人もいました。

ハラハラするなら、いざというときあわてずにすむように、備えましょう。

祈るように生きるとは、先を見通して行動することでもあります。神仏に「何とかしてください」とお願いすることではありません。「行き当たりばったりの人生にはしない」と決めて、自分の力で計画を立てることなのです。

親の介護だけではなく、自分自身が要介護になったときはどうするか、その算段をしておくことが必須です。国の福祉政策を当てにしてはいけません。アラブ首長国連

邦のように、国が多くを負担してくれるならいいのですが、日本は特別養護老人ホームに入りたくても順番待ち。昼夜なく徘徊する親のために、仕方なく介護離職をしたものの、蓄えもなくなり、疲れ果てて無理心中という事件もあり、社会問題にまでなっています。

経済的に余裕があれば、費用はかかっても施設に預けることができます。できれば、介護のプロの手に任せるのが一番いいのです。

親の面倒は子どもがみるのが美しい、という考え方がありますが、それは美しさとは違います。

大きな穴に二人同時に落ちたと考えてみてください。まず一方が外に出ないことには助かりません。二人とも穴に落ちることは「美徳」でも何でもないのです。そうしないと「薄情」だと非難する文化はおかしいのです。

薄情と言われたくないために、無理を重ねて介護をする心の裏側には、「立派ね」「よくやってるわね」と褒めてもらいたいという承認欲求と、「かわいそうな私」という自己憐憫《れんびん》があることも多いものです。

理性を働かせて、そういう社会の構造や人の心理をしっかり分析してください。そのうえで、計画性を持って立ち向かうことです。

それが、親の人生も自分の人生も、ともに大切にすることにつながります。

介護について②

認知症でも、たましいは壊れません。最後まで生き抜くこと、それがすべての人の使命です

年老いて認知症になり何もわからなくなったら、もう生きる価値はないに違いない、などと極端な考えを持つ人がいますが、それは違います。

「生きる価値のない人」などこの世に存在しません。すべてのたましいは、現世で学べることを学び尽くして生きたい、そう望んで生まれてきたのです。

認知症で心が壊《こわ》れたように見えても、たましいは壊れていません。

認知症になって出てくる症状は、その人が生きてきた中で我慢してきたものを象徴しています。

たとえば、戦時中で食べるものがなくて苦しんだ経験のある人は、食べ物への執着が強くなりますし、家庭に縛られて自由に外を出歩けなかった人は、徘徊《はいかい》が多くなります。

周りの人はそういった症状に振り回されがちですが、当人は認知症になって初めて自分の想いを正直に外に出すことができるようになった、ともいえるのです。

それもまた人が生きるうえでの学びの課題のひとつであり、それを経験することは、介護する側、される側、どちらにとっても無駄なことではありません。

人生には何ひとつ無駄なことは起こらないのです。

年老いたり、認知症になったりしたらもう「価値がない」と考えるのは、「何かができる」とか「お金を稼げる」といったことにだけ価値を置く物質的価値観です。


すべてをたましいの視点で考えてみてください。

体が不自由になっても、認知症で理性的な判断ができなくなったとしても、最後まで生き抜いて、現世のあらゆることを経験し、学び、感動して、たましいの故郷へ帰ること。それがすべてのたましいの使命なのです。

その視点を持って、何があっても生き抜くことです。

そして、生き抜こうとするたましいを、冷静かつ計画的にサポートしてください。

それもまた、祈るように生きるということなのです。

エンディングノート＝「たましいの履歴書」を書くことで、生きる時間が何倍にも充実します

「母を看取《み》ったとき、余命の告知をしなかったことを後悔しています」

という相談を受けたことがあります。

亡くなった人はあの世で怒ったり悲しんだりしていないだろうか、もっとほかにしてあげられたことがあったのではないか、というのは多くの人に共通する想いのようです。

だからこそ、「エンディングノート」を書いておくことが絶対に必要なのです。義務といってもいいと思います。

最期のときをどう過ごしたいのか、病名や余命を告げてほしいのか、ほしくないのか、延命治療はどうしてほしいのか、そういうことはしっかりと周りの人に伝えてお

くこと。そうしないと、遺《のこ》される人たちが悩んだり迷ったりしてしまいます。

財産の贈与についてだけではなく、遺していく品物の片づけ方、連絡してほしい人など、伝えておくべき項目はたくさんあります。

逆にいえば、自分の希望とは違う最期を迎えたとしても、書き記したり伝えたりしていなかったのなら、それは本人の責任です。周囲の人の責任ではありません。

エンディングノートというと、「死ぬことを考えるなんて縁起が悪い」などという考え方もまだありますが、きちんと考えないほうがおかしいのです。


死なない人は誰もいません。早いか遅いかの違いだけです。

それでも考えたくないほど死に対する恐怖心が強いとすれば、それはたましいの存在と、死後の世界について信じていないからにほかなりません。

死について学びを深めてください。そして自分が死んだあとのことを想像して、できるだけ周囲の人を困らせないように算段しておきましょう。それは、人生のメインとなる軸のひとつです。

よく耳にする夫婦関係などの悩みは、むしろ人生のデザートのようなもの。

人はもっと現実的に、最期まで生き抜くための算段をコツコツとしていかなくてはいけません。

エンディングノートという語感がイヤだという人のために、私は「たましいの履歴書」というフォーマットをつくりました。

通常のエンディングノートにある項目のほかに、「あなたの好きな色はなんですか」「好きな歌はなんですか」「初恋の人は誰ですか」といった質問を並べて、読む人が書き手の人生そのものに想いを馳《は》せることができるようにしたノートです。それを読むことで、遺された人が悲しみを癒すこともできるでしょう。

世の中のすべては「因縁果《いんねんか》」。

原「因」があり、「縁」があって、その先に結「果」があるのです。「果」だけが、突然降ってくるわけではありません。

遺された人が困らないように、悲しみを乗り越えることができるように、しっかり考えた行動をしておけば、自分自身、不本意な最期になることもないでしょう。

死《し》に支度《じたく》をすることは、不吉なことではありません。

むしろ自分自身を振り返ることができて、今、生きている時間をより豊かに充実させることにつながります。

看取りを経験して後悔している人はそれをいい契機として、そうでない人もいつか必ず来るそのときに備えて、今すぐ、できることから始めてください。

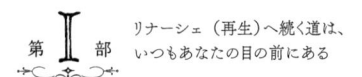

加齢は天からの恵み。「囚《とら》われ」がなくなる清々しさを味わいましょう

年齢を重ねること。それは決して悪いことなどではありません。むしろ、いいことのほうが多いと私は思います。

私も五十代になり、年齢を感じることが増えてきました。

今も忙しい毎日ですが、十年前、二十年前は、今よりもっと仕事量をこなしていたのですから、いったいどうやってできていたのだろうと思います。若さというエネルギーはすばらしいです。

けれど、時間が経つと心身の変化は誰にでも訪れます。

年齢を重ねると、古い携帯電話と同じで、しょっちゅう充電しないとすぐにバッテリーが消耗するようになるのです。若いころのように動き続けることはできません。

けれど、少し休んで充電すればまた働けるようになる。それでいいのです。動き続

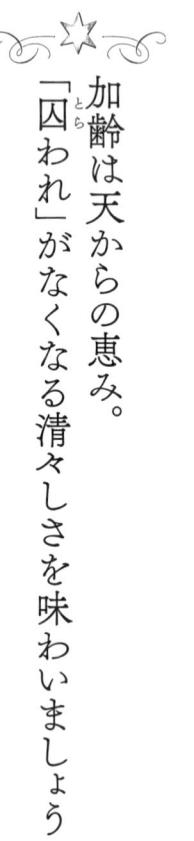

けていると、心身に無理な負担をかけることになり、危険だからです。

人は、自分の意志で自分の活動をペースダウンすることがなかなかできません。加齢によって体力が低下し、集中力や持続力が衰えてきて初めて、「ああ、少し休もう」という気持ちになり、心身を労《いた》わることを覚えます。

その意味で、加齢による衰えは、天からの恵みだと思います。

更年期になると、人によってはさまざまな症状が出てきますが、あまりにつらいようなら受診して薬を処方してもらえばいいでしょう。ホルモン剤など、いい薬が今はいろいろ出ているそうです。

医療技術の力が暮らしの質の向上に役立つなら、それに頼ればいいのです。

ただし、薬はよく見極めて選ぶ必要があります。

昔は「更年期」はありませんでした。というのは、人生五十年、更年期を迎える前に寿命が尽きていたからです。昔は女性は女性のまま、男性は男性のまま、死を迎えていたのでしょう。

それが、今は男女ともに更年期後の、性を超越した時間を生きられるようになりました。それだけ多くの喜怒哀楽を経験するようにという、霊界の意図があるのかもしれません。

時間が経つと枯れていくのは、生物として自然なこと。今はアンチエイジングが、とりわけ女性の間で大流行ですが、無理をしてまで年齢に抗《あらが》う必要はありません。与えられた命を全うできるよう、医食同源、食べるものに気をつけて適度な運動をし、充分な休息を取りながら、心身ともに健やかでいられるよう心がければいいだけです。

ただ「女性であること」という学びのテーマを強く持って生まれてきた人は、「枯れる」ということに抵抗があるようです。

いわゆる「女の情念」のようなものを持つ人は、更年期を経ても女性であり続けようとするし、またそれが可能です。その人にとっては、「女性性を生きる」ということが学びのカリキュラムだからです。

そうでない人は、時間の流れに任せればいい。女性としてではなく、人間として、どう生きるのか。持って生まれた自分の使命、自分の課題をどうクリアして、たましいの故郷へ帰るのか。そういうことを深く考えてみる好機が訪れたのです。

「女性として」「男性として」という〝囚《とら》われ〟がなくなって、さまざまなこだわりから自由になれることもまた、年を重ねることの醍醐味です。

年を取ることを恐れたり、嫌悪したり、不安に思う必要は何もありません。

不自然に時間に抗うのではなく、淡々と、祈るように年を重ねていきましょう。

世の中のすべては自分の心の映し出し。世界平和は、まずあなたの心から始まります

目を疑うような非道なテロや、痛ましい自然災害があとを絶たない時代です。ニュースを見るたびに、不安を募《つの》らせている人もいるでしょう。

思い出していただきたいのは、身の周りに起こるすべては、自分の心が映し出されたものだということです。

テロや災害を見て心を痛めたとしても、その直後に誰かをののしっていませんか？　人をうらやんだり憎んだり、小さなことが許せなくて争いをしかけたり。そんな世界中の人の心のネガティブな部分が集結したら、どれだけの量になるでしょう。その一部をあなたも担《にな》っていませんか？

悲惨なニュースを見たとき、決して他人事だと思わないでください。そして、世の中を何とかしたいと思うなら、まず自分の心を、祈るように見つめてください。

世界平和は、政治の世界だけの話ではありません。あなたの心と、あなたの暮らしから、世の中は変わっていくのです。日々、祈るように生きてください、という趣旨のこの本を著したのは、それをお伝えしたいからです。

私たちの心や暮らしの在《あ》り方を、世界がどのように映し出しているか、それを理解するために参考になるのが「七曜《しちよう》の神示《しんじ》」、すなわち自然霊界からのメッセージです。七曜とは、月、火星、水星、木星、金星、土星、太陽の七つの天体のこと。現在の暦で使われている週は、言うまでもなく、この七曜がもとになっています。

それぞれのメッセージを見ていきましょう。

【月】女性のエネルギーを表わします。母性や女性らしさのことです。今、愛の力で家庭を明るく照らす母性の力が衰えています。そのため、モンスターペアレントや引きこもりなど、親子の問題が多発しています。男性の持つ父性にも通じる親子にかかわるメッセージです。

【火】激しく燃える火のエネルギーです。自分の中のヒステリックなエネルギーをコントロールできずに怒りを爆発させる人が増えると、火山が爆発するなど、「自然界の心の乱れ」が表面化してきます。火災など火にかかわる事故も増えます。

【水】水のエネルギーです。水が意味するのは「浄化」です。水が滞《とどこお》ると濁ります。いつまでも「水に流せない」「許せない」という人の想いは、水害を呼び起こします。

【木】木のエネルギーです。木のようにしっかりと根を張り、「自立と自律」して生きられない人が増えると、森林破壊が進みます。山林の精霊への敬《うやま》いを失うと、地滑りや地面の陥没にもつながります。

【金】お金のエネルギーです。お金は現世にしかない「教材」。それを通して理性を学ぶのが私たちの課題です。国でいえば不況、個人でいえば経済を見つめ直すような出来事が起きます。お金がすべてだと考えていると、マネーゲームで苦しむことになります。心の貧乏こそが不幸なのです。

【土】土のエネルギーです。地に足をつけて、「心の軸」を持って生きることができない人が増えると、足元が揺らぎます。すなわち、地震が増えてくるのです。

【日】太陽のエネルギーです。笑顔や調和を表わします。太陽の恵み、自然の摂理への感謝を忘れると、日照りや猛暑の試練が訪れます。すべての要、「日の本」である日本の国にも影響があります。国際的な窮地は、「北風と太陽」の太陽のエネルギーを使って切り抜けなさい、というメッセージを表わします。

この七曜が示すエネルギーのゆがみを、我が身にあてはめて考えてみてください。これ以外にも、今、世界各地で起こっているさまざまな環境破壊は、人の心が生んでいるといっていいでしょう。

たとえば、物質的なものにだけ価値を置く物質主義的価値観がはびこるから、地球温暖化や大気汚染を押し進めてまで経済を優先させようとする政権が誕生します。

人間も地球上に生きている生物の一種です。それなのに、自然に反する生き方がエスカレートし過ぎているのです。都会の夜など、明かりが煌々《こうこう》として、もはや夜とはいえません。ニュースで知る出来事を決して他人事だと思わず、あなた自身の足元を見つめるきっかけにしてください。

一人ひとりが自分の暮らしの不自然さや、心の中にあるネガティブな想いに気づき、道に外れた行ないを慎むこと。細やかな日常の暮らしをよくしていこうと努めることこそが、遠回りのようでいて、世界を平和にする確かな一歩になるのです。

「憑依《ひようい》」も「生霊《いきりよう》」も、怖い現象ではありません

亡くなったあと、現世へのさまざまな執着を断てず、自分の行くべき場所がわからずに、現世を惑《まど》っているたましいはたくさんいます。

類は友を呼ぶといいますが、同じ想いを持っている人に感応し、意図せず同化してしまうことがあるのです。それを憑依《ひようい》といいます。

こう書くと「怖い」と思う人もいるかもしれません。憑依というと、悪魔が憑《つ》いて不幸にさせられる、というイメージがあるからでしょう。

けれど、憑依はそういう怖いものではありません。今、これを読んでいるあなたも、憑依されているかもしれない。それほど自然なことです。

どんなたましいが憑依しているかというと、「波長の法則」で、自分と似たたましいが近づいてくるのです。

たとえば、日ごろから落ち着きがない人には、同じように落ち着かない人の未浄化《みじょうか》霊《れい》（執着が断てない霊）が憑依します。すると落ち着きのなさに拍車がかかって、ありえないような失敗をしてしまったりします。

つまり、憑依によって、自分の未熟なところにスポットライトが当たってしまうのです。

鏡を見て、何かいつもと違う感じがしたり、ふつうは考えられないようなことが起こった場合は、憑依を疑ってもいいのですが、そのとき「怖い」という感情ではなく、「ああそうか、私にはこういう未熟なところがあるから、それを教えてくれているんだな」と理性で分析すればいいだけです。

前述しましたが、人間の肉体の上には、目には見えないけれど重なるように存在する「幽体」、その上に「霊体」があります。

感情を司《つかさど》るのは幽体、理性を司るのは霊体です。常に霊体のレベルを活性化させて生きることが大切なのです。そうすれば、変な憑依は受けません。常に理性的に考える習慣をつけましょう。

「生霊《いきりょう》」による憑依も同じです。生きている人間も、強い想いを抱くと、その念が人に影響を与える場合があるのです。

有名なのは『源氏物語』に出てくる六条の御息所《みやすんどころ》でしょう。光源氏を愛するあまり、彼が愛する女たちのもとへ生霊となって現われて苦しめます。

生霊は自分の意志の力で跳ね返すしかありません。玄関に鏡を置くなどの処方箋を以前も書籍に書きましたが、自分に非がある場合、効果は薄いでしょう。

私もマスコミを通して顔を知られているので、全国から数多くの念が送られてきます。いちいち気にしても始まりません。

幽体レベル（感情）にとどまると、低級なものを引き寄せるので、できるだけ霊体レベル（理性）を保つよう、努めるだけです。

何も心配しなくてもいいのです。

「因果の法則」で、自分がよくないことをしたなら、同じものが返ってくるだけのこと。返ってきたなら、それをしっかり反省し、改めればいいのです。必要以上に、憑依や生霊を怖がると、相手が喜ぶだけです。

仮にあなたが友人の恋人と愛し合うようになったとします。友人へのあてつけでわざと誘惑したのなら、同じような目に今度は自分があうでしょう。けれど本当に二人が愛し合ってのことなら、仕方がありません。恨んで復讐しようとする友だちのほうに非があります。生霊になってまで復讐しようとすれば、同じ災いはその人のほうに降りかかるのです。

小説や映画などのフィクションのように、憑依や生霊によって人が不幸になるということはまずありません。憑依のせいにすれば自分がラクになるので、逃げ道として利用していることが多いものです。

たとえば以前、

「ある日突然、娘の人格が変わり、暴れたりワケのわからないことを口走ったりするようになりました」

という相談を受けたことがあります。

離婚した夫が、同じころ病死したので、その霊が憑いたのではないかというのです。霊視してみると、その相談者自身から、真っ黒なコールタールのような感情が流れ出しているのが見えました。

離婚した夫に対しての憎しみや恨みです。それを日常的に子どもにぶつけていたのです。娘さんの変調は、そのお母さんの想いと行動が原因でした。

親が夫婦間の揉《も》め事で怨念にまみれていれば、一緒に暮らす子どものたましいは曇ります。憑依も生霊も関係ないのです。

憑依を疑う前に、まず自分の「心の在《あ》り方」をチェックしてください。

憎しみや恨み、自己嫌悪や怠惰、そういうもので心が曇っていると、自分だけでなく周囲にも影響を与えるのです。悪しきものも呼び寄せます。

苦しいときでも、いいえ、苦しいからこそ、祈るように心を清め、たましいを磨きながらコツコツと日々を過ごしてください。その歩みの先に、おだやかな幸せがあるのです。

似非《えせ》スピリチュアリズムと、真実のスピリチュアリズム、その違いを見抜くことができますか？

今、書店にはさまざまなスピリチュアリズムを標榜《ひょうぼう》する書籍が並んでいます。その数があまりにも多いうえに書いてあることがバラバラなので、読者のみなさんの中には、何が真実なのか迷ってしまう方もいるかもしれません。

今、スピリチュアル本は、二極化しています。

①「目に見えないもの」の力を借りて、現世利益《げんぜりやく》を得る方法を教えるもの

②「目に見えない世界」の真理を解説し、努力して自らのたましいを磨くことの大切さを説くもの

前者は物質的価値観、すなわちモノやお金、名声を得ることなどを幸せとする価値

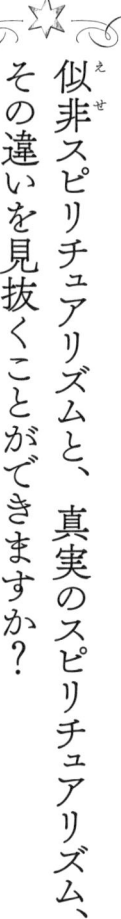

観の上に立ち、いかにラクをしてそれらを手に入れるかを重視します。たとえば、お稲荷さんや龍神《りゅうじん》といった自然霊の力を借りて、ご利益を得ようとするのです。

後者はそれとは対極にあります。物質的価値観こそが本当の幸せを邪魔するものであり、それに惑わされることなく、努力を重ねて自らの未熟さを克服する行為の中にこそ幸せはある。それこそが、私たちが現世に生まれてきた意味であり霊界の意図である、と説くものです。


どちらが本物であるか、もうわかっていただけると思います。

前者はロー・スピリチュアリズム。後者はハイ・スピリチュアリズムとも呼ばれます。はっきり言いますが、ローはニセモノです。

見分け方としては、ローは「ラクして儲かる」ことが好きです。努力しないでも成功できる、などと書いてあれば、それはロー。「信じれば救われる」も同じです。「アセンションが起こる」と騒ぐのもローです。

アセンションとは、地球の次元が上昇するとか、人類が進化するというような意味で、「2012年にはアセンションが起こり、進化した霊性の高い人だけが生き延びる」などと言われていたのです。ノアの箱舟のようなものでしょう。お金を出せばその舟に乗れますよ、などという詐欺まで横行しましたが、実際には何も起こりませんでした。

「選ばれた人だけが幸せになれる」などという選民思考には呆れます。そんなわけがありません。努力する人が幸せになれるのです。努力は人を裏切りません。

そもそも、自分たちだけが生き延びようとする考え方自体が、低俗です。

むしろ、霊性の高い人ほど、早く霊界に戻るとも言えます。

生き延びているのは、未熟な証拠。まだまだ学ぶことがあるから、地上に残されているのです。

「神様が降りてくる」という言葉にも要注意です。

神様は近所のおじさんではありません。お手軽にメッセージを届けてもらおうとするのは間違いです。

ガーディアン・スピリット（守護霊）にしても、簡単にメッセージを届けたり、守ってくれたりする存在ではありません。

私たちのたましいが成長できるよう見守ってくれているだけ。下手に手出しをすれば、この世での修行の邪魔になるからです。

私の守護霊である昌清霊《まさきよ》も、私へのメッセージはほとんどありません。

「できることはできる。できないことはできない。わしが答えたら、ぬしの人生ではなくなる」。

その通りだと思います。人生は自分の足で歩くから、価値があるのです。

努力もしないで大金が手に入るとか、自分たちだけが生き延びることができる、などという言葉を信じないでください。

そういう言葉を簡単に信じる人は詐欺にもひっかかりやすいでしょう。おいしい話には必ず裏があるのです。それは、幼いころから親が教えなくてはいけません。

人より成功して儲けること、人より長生きすること、そういう浅薄《せんぱく》な物質的欲望を手軽にかなえようとするロー・スピリチュアリズム、努力を嫌い、自らのたましいを磨くことから逃げるよう勧めるスピリチュアリズムには、気をつけてください。

それは現実の暮らしが充実していないから、逃げるために精神世界を利用しているだけ。人を不幸にする考え方です。

二極化しているスピリチュアリズムの真贋《しんがん》を見抜く力を持ちましょう。

それは、幸せになるために、というだけでなく、最低限、詐欺にひっかからないためにも必要な力です。

愛する人と過ごした時間に感謝して、再会する日の笑顔のために、歩き出しましょう

生きているものは、すべて死に向かっています。

こういうと顔をしかめる人もいますが、事実から目をそらしてもいいことは何もありません。

人はいつか死ぬということ。その事実はいつも心のどこかで感じておいてください。

だからこそ、今、生きている時間が限りなく貴重なのです。

愛する人と死に別れることは、言うまでもなくとても悲しくつらいことです。けれど、その悲しみやつらさを体験しない人は、この世に誰もいないのです。

悲しさやさびしさ、つらさに、涙があふれるのは仕方がありません。いっときはその感情に翻弄されてもいいでしょう。我慢するよりも、むしろ悲しみ尽くすことのほ

うが大切です。

けれど、いつまでも泣き暮らしてはいけません。

亡くなった人から与えられた愛情を思い出し、それに対して感謝する気持ちを取り戻しましょう。

遺影を見ると、さまざまな思い出が甦《よみがえ》るでしょう。

その一つひとつに「ありがとう」と声に出して言ってみてください。

感謝の気持ちがあれば、その人のために何かしたくなるはずです。何ができるのか。前を向いて生きていくことです。

いつまでも泣いていると、亡くなった人が心配します。心配をかけない生き方をすること。それが本当の供養なのです。

感謝があれば、悲しみから立ち直って歩き出す勇気が出てきます。

自分の命の時間を大切にして、亡くなった人の分まで生きようと決意できます。

人は肉体だけの存在ではありません。たましいがあります。死によって肉体が滅《ほろ》んだとしても、たましいは永遠です。

現世で与えられた時間を精一杯生き切ったたましいは、故郷であるスピリチュアル・ワールドへ戻ります。

ですから、私たち自身が死を迎えたとき、亡くなった人と再び会うことができるのです（四十四ページ参照）。

とはいっても、自分より先に我が子を見送らなくてはいけないような場合、その悲しみは深いでしょう。しばらく立ち直れないのは仕方がありません。

けれど子どものたましいも大人と同じように、消えてなくなるわけではありません。繰り返しますが、死んだからといって、無になるわけではないのです。

生まれてきてくれて、家族として一緒に過ごしてくれて、ありがとう。

その想いは、伝わります。

いつか会える。そう信じて、再会できたそのときに、「あなたがいなくなったあと、こんなふうにがんばって生きてきたよ」と話してあげてください。

胸を張って再会できるような生き方をしてください。

この世に生きている間は、しっかりと生き切ることです。たくさんの経験と感動を積み重ねていきましょう。

愛する人といつか再会したときに、楽しい土産話がたくさんできますように。

そのときの笑顔が、もう見えてきたのではないですか？

病気にも自分の生き方が映し出されます。そこにこめられたメッセージに気づいてください

健康診断で突然、病気を宣告された。少し調子が悪いと思って病院へ行ったら、そのまま入院になった。そんな場合のショックは大きいでしょう。けれど、意味のない病はありません。その病が、どんなメッセージを自分に送ってきているのか、じっくりと考えてみてください。

人は、何かに夢中になると猪突猛進《ちょとつもうしん》、ワーカホリック状態になりやすいものです。それにブレーキをかける意味も、病気にはあります。

爆走していたときには、見えていなかった景色が、腰かけて休むことで見えてくるのです。

それは、たとえば周囲にいる人の気持ちです。意外に多くの人が心配してくれたり、

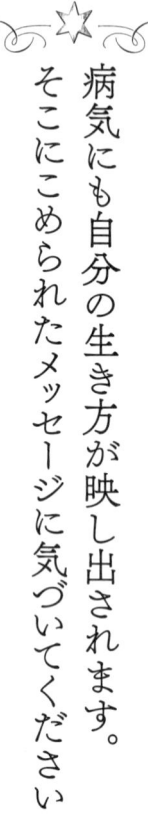

励ましてくれたりするそのやさしさに気づけるでしょう。では自分は、誰かが病気になったとき、どれだけ心を砕いたかを振り返るきっかけにもなります。

また、世の中には病気以外の理由でも働けない人はたくさんいますが、自分の身に降りかかってみて初めて、その気持ちがわかるようにもなります。今まで自分が弱い立場にいる人たちにどう接してきたか、反省もできるのではないでしょうか。

また、人生にはひとつの線路しかないと思いこんでいたのが、そうではない別の選択肢もあることに気づく場合もあります。人生の幅が広がるきっかけにもなるでしょう。

そんなふうに、病を患ったからこそ初めて気づけることはたくさんあるのです。

病気＝悪いものとして捉《とら》えてしまうと、そういう気づきができなくなります。病気は、人生に起こるほかの多くの苦難と同じものです。学校のカリキュラムに、体育もあれば家庭科もあるのと同じ。リストラや失恋もあれば、病気もあるのです。けれど、人の心理として、病気だけ特別扱いしやすいのです。「なぜ自分だけが」という恨みに似た気持ちを抱いて、心配してくれる家族に対しても、「私の苦しみなんかどうせわからないくせに」と思ってしまう。

病気も自分を映し出す鏡です。すべて原因があるから結果が生じる。因縁果《いんねんか》（一二八ページ）です。

その「因」の部分をじっくりと見つめ直してください。

祈るように病気を受け入れて、治療を始めましょう。


祈りとは、感謝です。

病を得てすぐには無理かもしれません。けれど気持ちが落ち着いたら、今まで酷使してきた肉体に対して、「今までお疲れさま。ありがとう」と感謝し、「無理して使ってしまったね」と労《いたわ》ってあげてください。

周囲の人たちにも感謝の想いを伝えれば、これまでと違う生き方も見えてくるでしょう。そうすれば、次にくるのはリナーシェ、再生です。

人生に、意味のないことは起こりません。

病気になること。その経験にも、非常に深いメッセージがこめられているのです。

ペットと過ごした時間の豊かさは本物です。「大我《たいが》の愛」で旅立ちを見送りましょう

ペットを我が子同然にかわいがって育てている人は、今、とても増えています。けれど、ペットにも命があり、命には限りがあります。いつかは必ず別れが訪れるのです。

そのとき、ショックのあまり寝込んでしまったり、立ち直れなくて人格さえ変わってしまう人もいると聞きます。

ペットとの絆《きずな》が家族よりも強かったり、子どもが巣立ったあとの心の隙間を埋めてくれる存在だったりしたからでしょう。

そんなペットロスに陥ったとき、考えていただきたいのは、ペットに向けた愛が本当の愛、すなわち「大我《たいが》の愛」だったかどうかです。

自分が愛されたいと願うのは「小我《しょうが》の愛」に過ぎません。

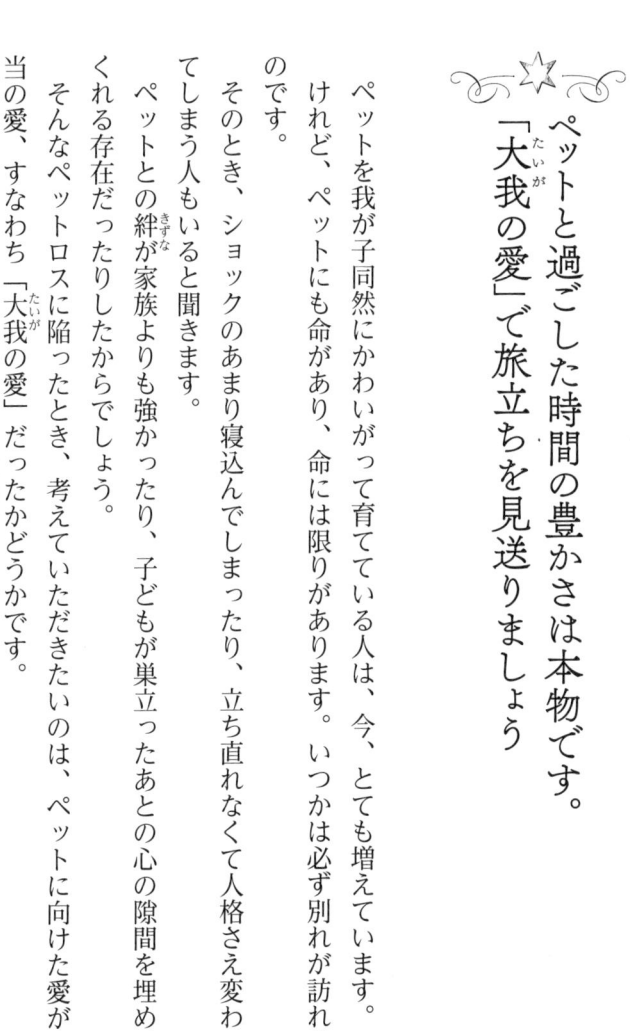

スピリチュアルな視点から見ると、私たちがペットを飼うのは一種のボランティア。動物は、人に育ててもらうことで愛情と安心、信頼を学び、より高い霊性へと進化しますが、ペットを飼うのはそのサポートをすることです。人の子どもを育てることと大差はありません。

その原点に立ち戻ってみてください。

あなたは一生懸命にその子を慈《いつく》しみ、ともに過ごす時間を楽しみ、生きてきました。意識していなかったとしても、それはペットの霊格を高める行為です。ペットたちはあなたに支えられて与えられた命を全うし、喜んでたましいのふるさとへ戻っていったのです。

そのボランティアが完了した、ということです。

そのとき、もしショックが大きくて、自分も一緒に死にたいとまで思うようなら、ペットに向けた愛は、愛ではなく、依存だったのです。

「愛されたい」という気持ちだけが強かった。厳しい言い方になりますが、動物を利用して自分が癒しを得ていたということになります。

動物たちは自己保存の本能から、エサをくれる人間になつきます。それはやはり愛とは違うものなのです。

それなのに、「私を愛してくれている」「癒してくれる」「だからかわいい」と思っていたとしたら、それは自分が「愛される」「癒される」という利益を求めての行為です。ボランティアでも「大我の愛」でもありません。

自分が愛されたい、癒されたい、という想いからではなく、「里親」としてペットを慈しみ、かわいがり、愛と信頼を教えて、あの世へと還るたましいを見送った。だとしたら、それはペットのことだけを考えた本当の愛、「大我の愛」です。そんな愛を注いでくれた飼い主に対して、ペットたちも心から感謝するでしょう。

そして、あなたの想いが「大我の愛」であれば、あの世へ戻ったペットを心配させるようなことはできないはずです。泣き暮らして、私も死にたいなどと思っていたら、ペットたちは安心して成仏できません。

ペットと過ごすことで心癒された、その時間の豊かさは本物です。それを否定する必要はありません。けれど、それに執着しないでください。

その時間があったからこそ、あなたもまた心やさしく、強くなれたはずです。

さびしさを乗り越えて、リナーシェしてください。

また新しいペットを飼い始めてもいいのです。旅立ったペットがそれをいやがったり、やきもちをやいたりすることはありませんから、安心してください。

力強く前に向かって歩き出す飼い主を見れば、ペットたちも安心します。いつかあなたが自分の人生を生き切って、たましいのふるさとへ還るときには、ほかの懐かしい人たちと一緒に迎えにきてくれるでしょう。

そのとき笑顔で抱きしめてあげられるよう、今を懸命に生きてください。

人はみんな「余命」を生きている。その意識があれば、「今」が輝きます

現世での命には限りがあります。誰ひとりとして例外はありません。自分が余命を宣告されたとき、絶望で目の前が真っ暗になる。それは自然なことだと思います。

けれど、その中にさえ喜びはあります。

それは、「準備ができる」ということです。

会いたい人にも会えるし、大切なことを話しておくこともできるでしょう。

事故や心筋梗塞などで即死するケースでは、余命を知ることなどできません。何の心の準備も、現実的な準備もできないまま旅立つと、心残りも多くなるはずです。

そういう突然死は、何も特別な人に起こる出来事ではなく、誰にでも可能性はあり

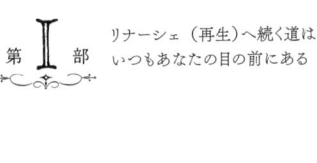

ます。

それなのに、みんな「明日はいつも通りにやってくる」と思っているのです。

不吉だからといって、見ないふり、考えないふりをしている場合ではありません。「余命」＝「命の残り時間」は、長いか短いかの違い、宣告されるかされないかの違いだけで、みんな持っています。

その貴重な時間を、いかに生きるか。何をするのか。誰と過ごすのか。実はこの人生、一瞬も無駄にはできないのです。

「一日一生」、すなわち、今日という一日を自分の一生だと考えてください。

今日が最後。明日はない。そう想って、丁寧に心をこめて生きてください。

自分の持ち時間に限りがあることを意識できるかどうかで、人生の質は大きく違ってきます。

だから、元気なうちからエンディングノート（たましいの履歴書）を書いて、残された時間を意識することが、誰にとっても必要なのです。

余命の宣告は、一見、残酷なことのように思えますが、スピリチュアルな視点から見れば違います。

残りの時間が明確になることで、よりいっそう濃密な時間を生きるチャンスを得たのです。

今できること、今しかできないことに全力で取り組みましょう。家族をはじめ周りの人と充分にコミュニケーションを取りましょう。そうすれば後悔は残りません。

あなたらしい人生を最後まで生き切ること。そのための時間は、どんな人にもそれぞれに必要なだけ残っているのです。

死が怖いという人へ。たましいの再生のメカニズムを学んでください

自分の命や、周りの愛する人たちの命に限りがあるということを考えたくない、どうしても怖いという人は、だからこそ意識して死について学びましょう。怖いという感情をそのまま放置しないでください。

怖いのは、自分が消えてなくなると思うからです。

けれど、人の肉体は滅んでも、たましいが消えてなくなることはありません。そのたましいの再生のメカニズムを、学んでください。ほかの書籍で詳細に記していることですが、ここでも改めて簡単にふれておきます。

☆　☆　☆

人は、肉体だけの存在ではありません。肉体が滅んでも、たましいは消えません。

たましいは、永遠に続く存在なのです。

前述したように、人は、肉体の上に「幽体（ソウル）」、「霊体（スピリット）」という「たましい」が重なって存在しています。

人の命が終わるということは、肉体が今生《こんじょう》での使命を終えて無になるということ。けれど、「たましい」は決して無にはなりません。「たましい」は永遠です。私たちの「たましい」は、「あの世」（スピリチュアル・ワールド）と呼ばれる世界で生き続けるのです。

とはいえ、今生は一回限り。同じ時代、同じ肉体で生まれ変わることはありません。たましいの再生があるとしても、今生での人生にやり直しはききません。

その意味で、死への恐れは、持って当然の感覚です。

死が怖くなってしまえば、自ら死を選ぶことがたやすくなるかもしれません。それでは現世に生まれてきた使命を果たせなくなります。

さまざまな経験と感動を積み、たましいを磨くこと。それが私たち全員の使命です。何があっても生き抜いて、その使命を全うするためにも、「死を恐れる」という感覚を忘れてはいけません。

さて、私たちは、死後、「あの世」（スピリチュアル・ワールド）を旅する旅人になります。そこは、大きく分けて四つの階層があります。

私たちが今、生きている「この世」は、『現界《げんかい》』（現世）です。

死を迎えて、肉体から離れたたましいがまず行くのが、①『幽現界《ゆうげんかい》』。

次に行くのが、②『幽界《ゆうかい》』。

さらに進むと、③『霊界《れいかい》』に到達します。

その先が崇高な神の領域である、④『神界《しんかい》』です。

『幽現界』以降が、いわゆる「あの世」です。

人が臨終を迎えるということは、たましいというドライバーが、肉体という車から降りようとしているということ。

その旅立ちをスムーズにするために、先に旅立った懐かしい人々、たとえば亡き両親や、かわいがってくれた祖父母などが迎えにきてくれます。何も心配する必要はないのです。

現世を旅立ったたましいが最初に行くのが『幽現界』です。

ここは、現世と重なり合うように存在していて、たましいが死を受け入れ、現世に別れを告げるところです。

『幽現界』にいるたましいは、まず自分の通夜や葬儀を見て、自分が死んだことを理解します。生きている間から、死後の世界について理解を深めていれば、この段階で自分の死を受け入れられます。

一方、死後の世界を信じていなかった人は、自分が死んだことをなかなか理解できません。そのため、家に帰ったり、会社へ行ったりする場合もあります。

肉体のない世界に来たことを理解し、自分の死を受け入れることが、たましいの旅の第一歩となるのです。

『幽現界』にいるのは仏教でいう「四十九日」くらいが一般的です。心霊学でも五十日程度と考えられています。

『幽現界』で自分の死を受け入れたたましいが次に行くのが『幽界』です。ここは無数の階層に分かれた、本格的な死後の世界です。

無数の階層に分かれているといっても、建物のように階数が分かれているわけではありません。日の当たらない海底から日の当たる海上までの、グラデーションのようなものだとイメージしてください。

最下層部は暗くてどんよりしています。最上層部は明るい光に満ちた、さわやかで気持ちのいい世界です。亡くなった人が最初に行くのは、亡くなったときのその人のたましいの波長に合った階層です。生きていたときの心の状態と同じところへ平行移動するのです。

最下層部にいる人たちが、自分のたましいの濁りを自覚し、「これではいけない」と目覚めたとき、次第に明るい上層部へと移動していきます。あの世に行っても、たましいは成長を続けるのです。

『幽界』で浄化の旅を続けているたましいにとって、現世で生きている人の姿や想いは励みになります。気づきを促すきっかけにもなるのです。たとえば現世で生きている人が、死後の世界を学ぶことも、亡くなった人のたましいの目覚めや気づきを助けることになります。

私たちはこの世とあの世に離れていても、二人三脚のように関係し合って、成長への旅を続けている、ともいえるでしょう。

ですから、亡くなった人を心配させず、浄化へと促すエールを送ること。それが本当の供養となります。

『幽界』で学びを深め、成長したたましいは、次第に『幽界』の上層部へと移動します。

天国のようなその心地よさに満足せず、「もっと他者に貢献できる大我《たいが》の愛を持てるように、たましいを磨きたい」と想ったとき、たましいは『霊界』に進みます。

『霊界』では、名前、性別、姿は必要なくなり、たましいは光の存在となります。これは「第二の死」とも表現されます。

霊界に進んだたましいは、自分がもといたグループ・ソウル（類魂《るいこん》）に溶けこみます。ここが、たましいの故郷です。グループ・ソウルは、たましいの家族といえるでしょう。霊界には、そうしたグループ・ソウルが　いくつも存在しているのです。

『霊界』で大我の愛に目覚めたたましいは、グループ・ソウルをさらに輝かせたいと考えます。そのために、もっとたましいを磨こうとして、経験と感動、喜怒哀楽がたくさん待つ現世へ再び行って修行をしようと決意するのです。

今度はどんなカリキュラムで生きれば、前世でやり残した課題をクリアし、よりたましいを磨けるだろうかと考えて、たましいは再生を繰り返します。

生まれ落ちたときにはこうした経緯は忘れていますが、それはより新鮮な気持ちで感動を味わうため。今こうして生きているあなたの人生もまた間違いなく、あなた自身が選んだ、たましいを磨くためのカリキュラムなのです。

このように何度も再生を繰り返し、さまざまな課題を乗り越えながら、私たちはたましいを磨く旅を続けているのです。

グループ・ソウルがすべてのカリキュラムを終えて完全に浄化をしたとき、『神界』へと進むことができます。愛と叡智《えいち》の集大成である「神」と同化する。この目標を目指して、すべてのたましいは旅を続けているのです。

『神界』へと行きつくのはかなり長い道のりです。現世の人生は、どんなに長生きしたとしても、瞬《またた》くほどの短い旅。肉体の死は、たましいの長い旅の中では、通過点のようなものです。それでも現世で得られる経験と感動は、たましいにとって唯一無二の大きな財産です。今この瞬間も貴重な宝物であることに間違いはありません。

今、ここに、生きて在《あ》るこの命を、精一杯に輝かせて生きること。それこそが、私たちすべての使命なのです。

☆　☆　☆

この再生のメカニズム、死後の世界の存在を信じるか、信じないかで、人生の質は大きく変わると断言できます。

人が死んで無になる存在であるなら、今、何をしてもいいということになるでしょう。お酒に溺れたり、私利私欲に走ったり、犯罪に手を染めたりしても、「どうせ死ぬんだから」「どうせ無になるんだから」と考えれば、ブレーキをかける必要などありません。ただ欲望の赴《おもむ》くまま、無軌道に人生を生きることになりかねません。死を迎えたとき、虚しさしか残らないはずです。

実際には、たましいは消えてなくなりません。ふるさとであるスピリチュアル・ワールドに戻って、たましいの家族であるグループ・ソウルの中へ迎えられるのです。そのとき、せっかく現世へと旅立ったのに、何を学んできたんだ、どうやってたましいを磨いてきたんだ、ということになります。

私たちは、たましいを磨き、より純粋で汚れない神の存在に近づくため、その修行のためにこの世に生まれてきたのです。今のままでは、まだまた未熟だからです。私たちはみんな落ちこぼれの天使です。

この「死後の世界」の存在が本当なら、科学的に証明してみろという人はたくさんいます。そういう人には、「科学的に証明できること」と「できないこと」を比べてみてくださいとお願いします。実は、証明できないことのほうがはるかに多いのです。だからこそ、世界中の研究者が日夜、研究を続けています。

では「科学的に証明できないこと」はすべてウソなのでしょうか。存在しないのでしょうか。そんなことはありません。まだ解明できていないだけです。

実際、人が亡くなったあとに起きる不思議な現象は、枚挙にいとまがありません。

東日本大震災のあと、東北で数多く見聞きされたスピリチュアルな現象をまとめた本も出版されています（『魂でもいいから、そばにいて　3・11後の霊体験を聞く』奥野修司著、新潮社刊、など）。

また、ある高名な科学者が研究を断念しようかと迷っていたとき、亡くなったお父さんが夢枕に立って「やめてはいけない」というメッセージを送ってきたというエピソードもあります。その人の研究は今、難病に苦しむ人たちの希望であり、日本の誇りになっています。

それでもどうしても「死後の世界」なんて科学的に証明できないから信じられない、という人は、たとえば数学の図形の問題を解くときの補助線だと考えてみればどうでしょう。補助線は実際にはないけれど、仮にあると考えると問題が解きやすくなります。

「死後の世界」も、仮にある、と考えてみると、人生で起きるさまざまな問題を解決しやすくなるのです。生き方が変わり、人生の質が高まります。死への恐怖もなくなるでしょう。それを実感できたとき、「死後の世界」の存在がより身近に、リアルに感じられるはずです。

私たちは無意識のうちにでも、「死後の世界」を信じ、得心しています。
そして、それが生きる希望や活力にもつながっているのです。

亡くなった人は、消えたわけではない。あの世に戻っただけ。そこで再び、現世と同様にたましいの浄化の旅を続けているだけ。

ときどきはこちらの世界に戻ってきて、私たちを見守ってくれている。だから私たちは亡くなった人に恥ずかしくないように懸命に生きないといけない。いつか必ず再会できるその日のために。

そう思って、再びこの人生を強く生き抜いていく力を得ることができるのです。

もちろん「たましいの存在」「死後の世界の存在」は、仮のものなどではありません。それは、私がこの数十年かけて説いてきたスピリチュアリズムの根幹です。

その哲学が、あなたの人生を照らし、より豊かで幸せなものに導いていくことを、心から願ってやみません。

Spiritual Rinasce

第 III 部

リナーシェ（再生）のきっかけはここにある

幸せな変化が次々起こる、「祈るように」暮らす24時間

リナーシェ（再生）な生き方とは、祈るように・丁寧に・想いをこめること

プロローグで記したように、私たちは、日々祈るように生きることでリナーシェ、再生していくことができます。

第Ⅱ部では、日々の暮らしの中で、具体的にどのように行動すれば「祈るように生きる」ことにつながるのか、見ていきましょう。ポイントは三つです。

1 **祈るとは、「行動」することです**

願い事を口の中で唱えることではありません。日常の何気ない行動を、一つひとつ丁寧に行うことです。

2 **祈るとは、「感謝」をすることです**

今、生きて、こうしていられる時間に対して「感謝」をすること。支えてくれている周りのすべてに「感謝」をすること。それが「祈り」です。

その意識があるだけで、何をするにしてもその行動の質が変わります。暮らしそのものが変わっていくのです。

3 祈るとは、「計画性」を持って進むことです

行き当たりばったりの行動は、「祈り」とはほど遠いものです。計画性というのは、人生の大問題だけに必要なものではありません。眠る、食べるといった日常の行動にも必要です。暮らしの中で、自分を大切にするための「計画」を立てましょう。

人生は、結婚や就職、失恋や大病など、大きなイベントだけで成り立っているわけではありません。土台となるのは「暮らし」です。

日々の生活をないがしろにせず、祈るように時間を過ごしましょう。丁寧に、ひと刷毛《はけ》ひと刷毛、絵筆で絵画を彩《いろど》るように、暮らしをつくっていきましょう。その積み重ねこそが、あなたの人生なのですから。

食べる

体が喜ぶ食事、心をつなぐ食事をとりましょう

祈るように食べるとは、これを食べると体は喜ぶだろうか、命は輝くだろうか、と考えながら味わうことです。

必然的に、野菜をはじめ、できるだけ新鮮で質のいい、自然の食材、旬の食材を選ぶようになるはずです。スナック菓子を祈るように食べることはできません。いい素材を手に入れたなら、次は自分の手を使って、自分のエネルギーをこめながら、丁寧に料理することです。

子どもがお母さんの手づくり料理をおいしいと感じるのは、その中に家族を思う愛情のオーラがこもっているからです。子どもは母親のおなかにいたのですから、そのオーラのこもった食べ物は一番なじめる味であり、安らぎを感じる味なのです。

相手のことを想いながら手をかけてつくった料理を一緒に食べることの価値は、は

かりしれません。手をかけるといっても、たとえば買ってきたお惣菜をお皿に盛るというひと手間でもいいのです。少しでも見た目がおいしくなるよう心を配れば、一緒に食べる人を想う気持ちは必ず伝わります。

そして、人と向き合って食べましょう。

人が食事をともにするのは、心をつなぐためです。

家族でも今は別々に食べる「孤食《こしょく》」が増えていますが、それだけではお互いの気持ちを見失います。毎日でなくてもかまいませんが、できるだけ同じテーブルで、同じものを味わいましょう。

とりわけ子どもが幼いころから思春期にかけての食事は大切です。お母さんがつくったものが食べられないというのは、親子関係の赤信号。拒食症などにも発展しかねませんから、見逃さないでください。

食べることは、生きることの基本です。

決しておろそかにせず、心をこめて素材を選び、丁寧につくり、誰かとともに、祈るように味わいましょう。

眠る

睡眠時間は、たましいの作戦タイム。「一生懸命に」眠ってください

眠っている間、私たちのたましいは故郷であるスピリチュアル・ワールドへ里帰りしています。肉体は現世にありますが、その上に重なる「幽体」と「霊体」は里帰りしているのです。いわば幽体離脱しているといっていいでしょう。

一週間、断食できる人はいても、〝断眠〟できる人はいません。たましいの視点から見ても、睡眠は人間にとって絶対に必要だからです。睡眠中、故郷に戻り、ガーディアン・スピリットから知恵やアイデア、エネルギーを授かることで、翌日からの人生が活性化します。それぞれのたましいが持つ人生の課題に、しっかり向き合えるようになるのです。睡眠時間は〝たましいの作戦タイム〟なのです。

スマホなどを眺めてダラダラ起きているのはもったいない。そんな時間があるなら、さっさと寝ましょう。「一生懸命に」眠る。それぐらいの意識が必要なのです。

そのためには、朝、しっかり起きて太陽の光を浴びること。日中は、座りっぱなしではなく、適度な運動を。昼寝をする習慣は、心身を一度リセットするためにもいいことですが、長く眠り過ぎると、夜、眠れなくなるので要注意です。

寝室の環境や寝具も重要なポイントです。寝室では、睡眠以外のことはしないと決めて、テレビやラジオなどは置かないでください。光は睡眠を邪魔するので、寝室は真っ暗にするほうがいいでしょう。音楽も同じです。とくに、意味のある歌詞のついた音楽は眠りを妨げます。香りについては、ラベンダーなどの入眠効果がある香りはOKですが、何事も過ぎたるは及ばざるがごとし。適量を心がけてください。

もちろん清潔第一。こまめに寝室を掃除したり、シーツや枕カバーを洗ったりしてください。眠るときに身に着けるものにも気を配りましょう。適当なジャージなどではなく、自然素材のパジャマがおすすめです。

祈るように眠るとは、このように朝の目覚めから、よく考えて丁寧に一日を過ごし、満ち足りた気持ちで床に就き、ぐっすりと眠ることです。するとたましいにもエネルギーがチャージできて、自然に「快適な暮らし」、さらには「幸せな価値ある人生」へとシフトすることができるのです。

夢を見る

夢を振り返れば、今のあなたの生き方が見えてきます

眠っている間に見る夢は、三種類あります。

①「肉の夢」、②「思いグセによる夢」、③「メッセージを伝える夢」です。

「肉の夢」を見るのは、睡眠中の体に何らかの刺激を受けているとき。暑かったり、寒かったり、うるさかったりといった寝室の環境が影響します。たとえば隣でいびきをかく人がいたときに、ゴジラに襲われる夢を見たとすれば、それは肉の夢です。

「思いグセによる夢」は、その人の心の傾向が見せる夢です。たとえば毎日、時間に追われてストレスを抱えている人が、遅刻する夢を見るとすれば、それはたましいの思いグセが見せる夢です。ほかにも、人をうらやむクセや落ちこみやすいクセがある場合、その自分の心をのぞきこむような夢を見るのです。

「メッセージを伝える夢」は、たましいが故郷のスピリチュアル・ワールドへしっか

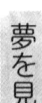

りと里帰りして、ガーディアン・スピリットからメッセージを授かるときに見る夢です。これはそんなにしょっちゅう見るものではありません。ガーディアン・スピリットが、本当に伝えるべきことがある場合だけです。

自分が見た夢が三つのうちのどの夢なのか、考えてみるのもいいでしょう。たとえば、肉の夢を見たのなら、寝室環境を改善するほうがいいですし、思いグセがでてきた夢なら、日ごろの自分の心の在《あ》り方を振り返って反省するきっかけにすればいい。夢がタナボタ的に、何か重要なメッセージや幸運を知らせてくれることはありません。メッセージ性のある夢を見たとしても、それは自分の目標をしっかりと定めて、人生をより高めようとしていたからこそです。夢がそれに先立って、何かを変えてくれたり、解決してくれたりすることはありません。

自分に都合よく夢を解釈したり、間違った受け取り方をして不安になったりもしやすいので、その点は注意してください。

夢は、自分の生き方を振り返り、より豊かに生きるためのきっかけのひとつ。祈るように生きていれば、故郷に戻ったような心地いい夢が自然に見られるはずです。

目覚める

朝は、里帰りを終えたたましいが、この世に新しく誕生する時間です

ぐっすり眠って、たましいの故郷へ里帰りできた翌朝の目覚めはすばらしいものです。祈るように眠れば、祈るように目覚めることができます。

朝は、言うまでもなくすべての始まりです。その日一日がどういう日になるのか、朝の過ごし方で決まると言っても過言ではないでしょう。

ですから、朝のムードを壊すことだけはしてはいけません。

まずは、「おはよう」という言霊《ことたま》の力を借りて、さわやかに一日をスタートさせてください。朝こそ、楽しく、元気よく。そうすれば、これから一日を生きていくエネルギーがみなぎるはずです。言霊の力を決してあなどらないでください。

朝食はしっかりとりましょう。できれば栄養バランスを考えたメニューがベストですが、一杯の野菜ジュースから始めてもいいでしょう。

大切なのはそれを朝のルーティンにすることです。その野菜ジュースを飲むと一日が始まる、と体が覚えれば、夜から朝への気持ちの切り替えがスムーズにいきます。

また、朝食がおいしく食べられるかどうかは、健康のバロメーターでもあります。前日に暴飲暴食をしたり、ストレスが多かったりすると、朝食が食べられません。逆に言うと、朝食が食べられるということは健康である証拠。そんなふうに、自分の体調を見つめるきっかけにもなるでしょう。


子どもが起きてこない、仕事に行く準備ができていない、などの理由で朝をバタバタと慌ただしく過ごすのは、本当にもったいないこと。

そうならないためには、時間にゆとりを持たせて逆算しながら行動してください。○時間は睡眠時間を確保したいから○時には寝る。○時には子どもを起こすから、○時には起きて朝食を用意する、などと計算して決めておけば、余裕ができます。自分に余裕があれば、家族の起こし方にも余裕が出るでしょう。

朝は、たましいが里帰りを終えて、この世に再生する時間。

それを心に留めて、ゆったりと、楽しく、一日のスタートを切りましょう。

鏡を見る

鏡を見るだけで、「除霊」ができます

鏡を見ることは、「本来の自分」を取り戻す行為です。

朝、顔を洗うときだけでなく、機会があるごとに、鏡で自分の表情を確認してください。「あ、いつもの自分の顔と少し違う」と思ったときは要注意です。目元が険しかったり、口角が下がっていたり、顔色もよくなかったりすることがあるでしょう。それは、憑依霊《ひょういれい》のしわざである場合があります（一三九ページ参照）。

憑依霊というと、とても怖いもののように思われるかもしれませんが、そんなことはありません。ウイルスや細菌と同じで、目には見えないけれど、私たちの周囲にはたくさんいるのです。こちらの免疫力が高ければ、感染しても発症せず、何の問題もないという点も、ウイルスや細菌と似ています。

嫉妬や怠惰、憎しみや恨みなどの感情で、たましいの免疫力が落ちていると、「波

長の法則」で周囲に漂う同じ波長を持っている憑依霊がすり寄ってきます。

心を研《と》ぎすまして鏡を見ると、そのことに気がつきます。「あ、いつもと違って意地悪な表情になっているな」などと気づいてください。それだけで低級な憑依霊は退散していきます。除霊ができて、本当の自分に戻れます。

また、鏡を見てメイクをするときは、低級霊などを寄せつけないように、「こうありたい自分」を意識しましょう。明るくありたい、やさしくありたい、知的でありたい、そういう願いをこめながら、丁寧にメイクをしてください。それは、どんな自分でありたいのかを意識化する、とてもいいチャンスです。

電車の中でメイクをして、「人に迷惑をかけてないからいいでしょ」と言う人がいますが、迷惑です。他人の舞台裏を見せられてうれしい人など誰もいません。何より、そんな「支度中」の姿を他人の目にさらすのは、自分自身にとってもマイナスでしかありません。

一歩、家の外に出れば、そこは「自分を表現する舞台」です。それを意識して、祈るように準備を整えてから歩き出しましょう。そのために、鏡を上手に使ってください。そうすれば、鏡はいつでもあなたの味方です。

掃除をする

掃除でオーラマーキングをすれば、家にいいエネルギーが満ちてきます

今読んでいるこの本から顔を上げて、周りを見回してみてください。美しく整っていますか？　ほこりが積もっていませんか？

多くの時間を過ごす自宅はとくに、いつも清潔にしておいてください。雑然としていると心が乱れるからです。部屋の在《あ》り方は、その住人の心をはっきりと表わします。

自分の手で掃除をすることで、「ここを居心地のいい場所にしたい」「家族のたましいが休まる拠点にしたい」という想いを家の中に刻むことができます。自分のオーラをマーキングすることができるのです。

疲れていると、ついあと回しになりがちな掃除ですが、汚い部屋にいては疲れはとれません。疲れている→掃除をしない→ますます疲れる。この悪循環を断ち切るためにも、まずはしっかり掃除をして部屋を整えることが必要です。

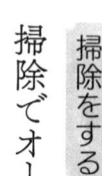

掃除が面倒くさいという人は、部屋の中にモノが多過ぎるのではないでしょうか。不要なものは処分して、必要なものは、その置き場所をきっちりと定める。それさえできれば、掃除はとても簡単になります。

人は旅行に行くときに持っていくスーツケースひとつあれば生きていけます。アップルの創業者スティーブ・ジョブズが洋服を黒いタートルネックとジーンズだけに決めて、それをトレードマークにしていたのは有名な話です。第一線で活躍する人の暮らしは決して派手ではありません。むしろ暮らしの習慣を大切にしている人が多いものです。思い切ってモノを少なくする生き方は、自分のエネルギーを効率よく生かすためにも大切なこと。少しずつでいいので、ぜひ実践してみてください。

家の中では、玄関の掃除がとくに大切です。外界との接点を清めることは「結界を張る」のと同じ。外界からの悪いエネルギーをシャットアウトできるのです。家族の健康の源である台所、睡眠の質を左右する寝室、浴室も清潔第一にしてください。

あなたが暮らす家は、あなたの人生の土台です。そこを清潔に居心地よく整えることは、土台をしっかりと固めて、明日を生きるエネルギーをサポートすること。祈るように生きる、その基本なのです。

書く

手を使って文字を書く。そこに不思議なエネルギーが生まれます

今は、文字を書く機会が少なくなりました。人とのやりとりも、パソコンやスマホに文字を打ちこむことですませる場合がほとんどです。仕事の業務連絡ならそれでいいでしょう。でも逆にいえば、業務連絡以外、メールを使う必要はないと言えます。

大切な人には、手書きの手紙を送りましょう。手で書いた文字にはエネルギーが宿ります。

文字の美しさは関係ありません。心をこめて、ゆっくりと丁寧に書けばいいだけ。祈るように、手紙を書いてください。メールでは伝わらない、あなたの心の真実が伝わります。

季節や好みに合わせた便箋や封筒や、切手を選ぶところから始まるやりとりを、ぜひ楽しんでください。自分なりの絵に簡単なひと言を添えて送る絵手紙も、とてもい

いと思います。メールやＬＩＮＥのスタンプにはない「味わい」を楽しむことは、人生を豊かにする方法のひとつです。

日記を書くことも、ぜひ実践してください。今日一日を振り返り、感謝をこめて、祈るように自分の足跡を記す。あとで読み返したときに、その日記は自分が歩いてきた道を照らすライトになるでしょう。

繰り返しますが、祈るように生きるとは、日々を丁寧に生きること、感謝をこめて生きることです。日記を書くことで、ともすれば忘れそうになるその想いを、再確認することもできるでしょう。

また、人には言えない自分の心の中の想いを文字にして書き出すことで、その気持ちを成仏させることもできます。生き場のない感情をデトックスして、すっきりできるのです。

そのとき、思ってもみなかった自分自身が、日記の中に現われてくることもあるでしょう。自分自身を見つめるという意味で、日記ほどすぐれたツールはありません。

それは、今はやりのＳＮＳで何かを発信するのとは、まったく別の行為です。人に見せることを意識しないで書くことの喜びを、ぜひ体験してください。

ひとりになる

自分と「たましいの対話」をする。答えは必ず見つかります

今日、あなたには「ひとりの時間」がありましたか？

たった五分でもかまいません。ひとりになって自分の内面を見つめる時間をぜひ、つくってください。携帯電話を手にしている時間は、「ひとりの時間」ではありません。外の世界から離れて素の自分に戻る時間が、たましいには必要なのです。

睡眠と同じぐらい、孤独な時間を大切にしてください。ひとりになって心を見つめる時間がないのは、睡眠を取らないのと同じこと。心が狂騒状態になって、いつの間にか本来の自分を見失います。祈るように生きる道から、遠く離れてしまうのです。

今、瞑想《めいそう》の時間を重視する人が増えています。呼吸に集中することで「考える」ことを止め、無になろうとするものですが、私はそれとは別に「理性を働かせて、合理的に物事を考える時間」を取るべきだと思います。

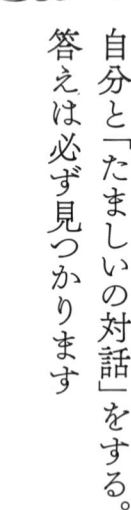

感情に振り回されて、過去を悔やんだり、人と比較したりするのは、「考える」ことは違います。それなら確かに「無になる」ほうがいいでしょう。意識して、そういう時間を取るのもいいことだと思います。

けれどそれだけではなく、今、目の前の問題を解決するためにはどんな方法があるのか、自分には何ができて、何ができないのか、じっくりと冷静に考え抜く時間が必要なのです。

「できることはできる。できないことはできない」

私の守護霊である昌清《まさきよ》霊のこの言葉は、いつも私の胸にあります。

できないことを嘆いても始まりません。できることは何かを冷静に自分に問うのです。そのとき、感情は必要ありません。とりわけ「かわいそうな私」という自己憐憫は邪魔にしかなりません。人に相談しても始まりません。「あなたは何も悪くない」と慰めてくれるかもしれませんが、それだけでは問題は解決しないのです。

ひとりになって、自分のたましいと対話をすること。じっくりと、ごまかすことなく、自分と向き合うこと。そうやって考え抜いたとき、さあっと胸に広がる光があります。その中に答えは必ずあるのです。

歩く

「感情」に負けない「理性」と「集中力」を高めるために、一歩ずつ、足を動かしましょう

ひとりになる時間なんてなかなか取れないというとき、思い切ってウオーキングに出かけてみてください。それが習慣になると、なおいいでしょう。

私は、心を整理したいとき、何かの判断に迷うときは必ずウオーキングをします。信号のない道を選んで、とぎれることなく足を動かしていると、自然といいアイデアがひらめくからです。走るよりも、歩くほうがおすすめです。

ウオーキングには、滝行と同じような精神統一の効果があるのです。滝行は過激なので、それをしているだけで満足してしまうという欠点がありますが、ウオーキングなら自然に暮らしの一部に取り入れられ、集中して考えを深めることに役立ちます。

問題を解決するために、今、自分の手元にある材料は何か。その材料をどう使えばいいか。手際よく使うには、どんな段取りが必要か。

その考え方は、冷蔵庫を開けて、その中に入っている食材で何がつくれるか、じっと考えるのと似ています。いい料理人は、余りものを使って、驚くほどおいしい料理をつくり上げるもの。ぜひあなたもいい料理人になってください。

そのためには感情を排除して、理性的に、集中して考えることです。

そのとき、ウオーキングでリズミカルに足を動かしていることが功を奏します。歩いていると無駄な感情がそぎ落とされるので、物事の本質がシンプルに見えてきます。肉体に連動して、たましいが答えを導き出してくれるのです。

肉体は車、たましいは運転手です。

普通は、運転手が車を動かします。けれど逆もまた真で、車が動くと、それにつられて運転手もあわててハンドルを握るようになるのです。

ですから、体を動かすことはとても大切です。まずは短時間からでかまいません。ひとりで歩くことを、日常に取り入れてみてください。

ときに車の力を信じて任せてみることで、人生というドライブは、より快適なものになるはずです。

お風呂に入る

入浴は、「禊《みそ》ぎ」の時間。日々の疲れをしっかり浄化させましょう

お風呂に入ることは、禊《みそ》ぎと同じ効果があります。

湯船にゆっくりと浸かることには、とても強力な浄化のパワーがあるのです。

人間には「エクトプラズム」と呼ばれる目には見えないエネルギーがあります。ストレスや疲労が溜まると、これが黒い毒素のようになり、デトックスしないと体調不良の原因にもなります。

湯船に浸かることで体も心もさっぱりするのは、毛穴が開いて汗をかけるのと同時に、この毒素化したエクトプラズムを排出することができるからです。

シャワーだけで終わらせると、その効果が薄れますから、できるだけ湯船に浸かることを習慣にしてください。お湯の温度は四十度ぐらいのぬるめにして、時間は十分間程度。それだけでスピリチュアルな老廃物を体の外へ出すことができます。

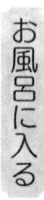

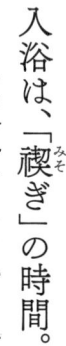

体を洗うときは、くまなくチェックしてください。日ごろから自分の体にふれていれば、たとえば、しこりができていても、早めに気づくことができるでしょう。

体はたましいの大切な乗り物です。

与えられた命を充分に使い切ることができますようにと願いをこめて、祈るように自分の体をやさしくメンテナンスしてください。

女性は、とくに顔は念入りに手入れしますが、それ以外のパーツがおろそかになりがちです。顔と同様に、全身をくまなく丁寧に扱いましょう。

浴室はその役割を考えると、ほかのどの場所よりも清潔でなくてはいけません。そのためには浴室もできるだけモノを少なくすること。浴槽にお湯を溜めっぱなしにするのもＮＧです。

水も空気も、澱《よど》むとよくないエネルギーを発します。できればその日のうちに流して清めるほうがいいでしょう。

たかがお風呂と考えないでください。祈るように生きるためには、たましいの乗り物である自分の体を清潔に整え、健やかな状態にしておくことが第一なのです。

少しがんばる

「小さなやる気」を積み重ねた先に、明るい未来が拓けます

朝、目覚めたとき、さっとベッドから出ることができますか？

夜、仕事やテレビを止めて、さっとお風呂に入ることができますか？　家の中の汚れに気づいたとき、さっと掃除ができますか？

この三つの行動を、ダラダラ引き延ばさず、さっと行なうこと。これが実はとても大切なのです。これらは、面倒くさいと思ってしまうと、とことん面倒になります。動けなくなるのです。でもそれに負けずに、エイッと体を動かす。行動を起こす。それは「小さな奮起」です。

こういった「小さなやる気」を出せるかどうかで、人生の質が変わってきます。

仕事や人間関係、恋愛や介護など、誰の人生にもさまざまな大問題が起こります。それらの問題を乗り越えて、たましいを鍛え、向上させるために、私たちは生まれて

きたのです。ですから、問題の前で立ちすくんでいてはいけません。悩んだら、行動することです。とりあえず、動くこと。外に出ること。閉じこもって考えこんでいても始まりません。文句を言うより、エイッと奮起して、行動に移す。その瞬間が大切なのです。行動して失敗してもかまいません。失敗するから成功があるのです。失敗を恐れて行動しなければ、決して成功には至りません。

私たちが持っている最高の宝物は時間です。その時間を無駄にせず、有効に使うためには、素早く行動に移すこと。

日々の暮らしの中で、素早く体を動かす習慣を身につけましょう。目覚めたとき、お風呂の時間、掃除の時間、それらはとてもいいトレーニングになります。人生の困難にためらうことなく立ち向かう力をつけるために、日々の小さな困難を前にしたとき意識せずともすぐに動けるように、訓練してください。

暮らしの中には、そんなトレーニングタイムがたくさんあります。それらを利用して、「小さな奮起」を上手に使えるようになりましょう。

暮らしの質も、人生の質も、格段に明るく変わっていくはずです。

植物を育てる

植物のエネルギーは弱ったたましいを癒します

疲れたときは、植物にふれてください。見るだけでなく、葉や幹にふれることで、より多くのエネルギーをもらえます。

以前、個人カウンセリングをしていたころ、室内に観葉植物をたくさん置いていました。悲しみの深い方、体調の悪い方が来られると、植物が枯れてしまうこともよくありました。その方たちにエネルギーを与えた分、自らは枯れていくのです。

そのように、植物はその周囲にいる人たちの心と体のバロメーターになってくれます。そして弱っている人には力を与えてくれるのです。

暮らしの中に、ぜひ植物のエネルギーを取り入れてください。緑があるだけで、気持ちの在《あ》り方がまったく変わります。おだやかに、落ち着いてくるのです。

植物を育てるためには、余裕が必要です。水は足りているか、光は充分か、気温はどうか、さまざまなことに意識を常に向けておくことが求められるので、「世話が大変だから、植物はいらない」という人もいるでしょう。

確かに、人生には部屋に飾る植物より優位なことはたくさんあります。けれど、植物にすら意識を向けられないときは、ゆとりを失っている証拠。人生のほかのすべてにも、こまやかな気配りができなくなっていることが多いものです。

人間には、緑が必要です。鉢植えでなくても、切り花でもいい。どうしても忙しくて留守がちな人はフェイクでもいいのです。

何かを愛《め》でる、何かを育てる余裕を持つこと。それが大切なのです。

その余裕が、逆に仕事や人間関係など人生全般にいい影響を与えます。

まずは緑を飾ること。それが枯れたときは、家族の心身の状態が悪くなっていないか、自分の心が余裕を失っていないかとチェックするきっかけにしてください。そして、枯れた植物に対しては、身代わりになってくれたことへの感謝、気づきを与えてくれたことへの感謝をして、新しい緑や花と取り替えましょう。

目に見えないさまざまなエネルギーに支えられて、私たちの暮らしは成り立っています。そのことに気づくこともまた、祈るように生きることにつながります。

音を聴く

美しい音霊《おとたま》が、深い内観をいざないます

言葉に「言霊《ことたま》」というエネルギーがあるように、音にも「音霊《おとたま》」というエネルギーがあります。

アップテンポの曲を聴くと、気分が高揚して元気になるでしょう。静かなバラードを聴くと、しみじみと心が落ち着きます。

そんなふうに、耳に入ってくる音は、私たちの気分を大きく左右するのです。

自分の内なる心を見つめたいときは、歌詞のない静かなメロディを室内に流しましょう。歌詞があると、どうしてもその言霊の影響を受けてしまい、せっかくの内観の妨げになることが多いのです。

音楽に限らず、自然の音、たとえば川のせせらぎ、波の音、小鳥のさえずりなどのCDを聴くのもいいでしょう。

何より自分自身が聴いて心地よいもの、「好きだな」と思えるものを流すと、そのエネルギーが効果的に心身に染みわたるのが感じられるはずです。自分自身を見つめ直すきっかけにもなるでしょう。

より深い内観へと、音のエネルギーが導いてくれるのです。

私の場合は、「水琴窟《すいきんくつ》」の音が好きなので、室内にＢＧＭとして流すことがよくあります。

また、楽しそうな笑い声も「音霊」のひとつ。それを耳にするだけで、気分がウキウキしてくるでしょう。

楽しいことがあったときは、笑い声を家中に響かせてみてください。何気ない小さなことにでも、笑い転げることができれば最高です。

その音霊のエネルギーが、家族の幸福感に拍車をかけてくれるのです。

美しい音、楽しい音の持つエネルギーもまた、スピリチュアルな祝福のひとつです。上手に活用することで、暮らしを豊かに彩り、自分自身を取り戻すきっかけにしてください。

ペットを飼う

ペットは子どもと同じ。「至福のボランティア」を楽しみましょう

動物にもオーラがあります。ほとんどクリーム色に近い純粋さを表わすそのオーラが、私たちを癒してくれるからでしょう。今や空前のペットブームです。

ペットを育てることは、もちろんいいことです。ひとつの命を預かって責任を持つこと、ひたすら愛《め》でてかわいがり、愛し愛される体験によって、私たち自身もまた成長の機会を与えられます。ペットショップで血統書つきのペットを買わなくても、動物保護センターなどにいる動物の里親になるのも、とても価値あることです。

ただし、依存してはいけません。自分の癒しのためだけにペットをかわいがる人が多いのですが、そういう人はペットが死を迎えたあと、ペットロスから立ち直れなくなったりしやすいのです（一五七ページ参照）。

前述しましたが、動物にもたましいがあり、霊性を高める進化の途中にあるのです。

私たちがペットを飼う行為は、そのたましいの進化をサポートするボランティアのようなもの。つまり、愛を教えるのが、飼い主の役目です。ペットから愛されること、癒されることだけを求めていては、ペットを飼う意味は半減します。

動物は人のオーラに敏感で、動物好きの人にだけ甘えてきたりするものですが、ペットたちは、人のオーラを通して愛情を学んでいるのです。人とかかわり、褒められて喜んだり、叱られてしょげたり、元気のない飼い主を癒したりする中で、たましいを向上させています。その目指す先は人霊《ひとたま》、つまり人間のたましいになることです。

私たち人間のたましいも、遠い昔は鉱物や植物、動物でした。そこから進化を積み重ねて、人霊へとたどりついたわけですが、無意識の記憶の中にはその進化の過程が残っているので、自然や動物を愛さずにはいられないのでしょう。愛される喜び、愛する喜びをペットに教え、その霊性を高める、というスピリチュアルな価値も大切にしてください。

血はつながっていなくても、ペットは子どもと同じです。多くの動物たちの中からたった一匹、その子と出会えた奇跡、その縁に感謝しながら、愛を教え、愛を学び合う時間を楽しみましょう。

ボランティアをする

自分で蒔《ま》いた種は、自分で刈り取る。幸せになるための、もっとも確実で簡単な法則です

あなたがしたことは、いいことも悪いことも、すべてあなたに返ってきます。

自分で蒔《ま》いた種は、自分で刈り取るようにできているのです。たとえば、人の悪口を言うと、自分もどこかで悪口を言われます。逆に人に親切にすると、自分も別のところで親切にしてもらえます。自分の「想い」「言葉」「行動」は、いいことでも悪いことでも、同じだけのものが返ってくるという法則がこの世にはあるのです。この本でも何度もご紹介していますが、それを「因果の法則」といいます。

ですから、幸せになりたいなら簡単なこと。良い種を蒔けばいいのです。

ただ待っているだけでは、幸せにはなれません。

ボランティアは、良い種の見本のようなものです。何も被災地に行ってお手伝いをすることだけがボランティアではありません。目の前に落ちているゴミを拾うこと。

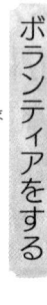

ただそれだけでもボランティアであり、良い種を蒔くことになります。

「それをやると、どんな見返りがあるの？」と聞く人がいますが、見返りを意識してはいけません。当たり前のこととして「無償の奉仕」をする。そこに価値があります。「なんで私が？」と不平を言うより、さっと動いてゴミを拾う。それだけで貯金ができるのです。「徳」という貯金です。ぜひ「一日一善」を実践してください。

昔話の『笠地蔵』では、雪の降る日に、寒かろうと思ってお地蔵様に自分の笠をかぶせてあげたら、その夜、お地蔵様が大きな米俵を運んできてくれます。昔の人は、この世の道理、「因果の法則」をよく理解していたのでしょう。

仕事においても、ボランティアの意識を持って働くと結果が違ってきます。サービスというと有償のイメージがありますが、本来サービスとは無償のもの。利益を度外視して心のこもったサービスができる人には、必ずいい結果が出るものです。

チャリティ番組でも、偽善だとか売名行為だという批判がありますが、やらないよりやるほうが絶対にいい。まず行動する。そこから始まるものが必ずあるからです。

子育ても、ペットを飼うことも、ボランティアです。見返りを期待せず、ただ愛を注ぐこと。それが基本です。その愛は、必ずあなたのもとへ戻ってきます。

装う

大好きな洋服を、大切に扱う。その習慣が暮らしを楽しく彩《いろど》ります

洋服は、その人の印象を左右するだけでなく、着ている本人の気分も左右します。自分によく似合っていたり、着心地のいい服を着ていたりすると、自信が持てて笑顔になれるでしょう。すると、周りの人からの評判もよくなるはずです。

自分に合う洋服をよく吟味して選び、大切に扱うこと。それが祈るように装う、ということです。

数をたくさん持つ必要はありません。質のいいものを丁寧に着れば長持ちします。気持ちよく着るために、クリーニングやアイロンがけなどの手入れも、こまめに行ないましょう。

着なくなったり似合わなくなったりした洋服、衝動買いしたものの着こなせない洋服などは潔く処分して、本当に自分に似合う、大好きな洋服だけを大切に着る。そう

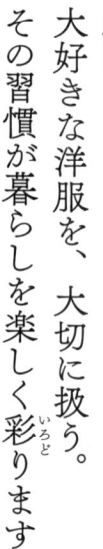

いう人は、見た目もさっぱりと美しいものです。

そんなふうに衣類を大切に扱う習慣が身につけば、クローゼットに服があふれているのに着ていく服が見つからない、という状態はなくなります。

私の場合は、講演会やテレビ出演のために衣装が必要なのですが、それらを収納するために、ひと部屋、使っています。取り出しやすいように棚をそろえて、どこに何があるか、ひと目でわかるように設計しました。中央に白いテーブルを置き、そこに洋服を広げてコーディネートを考えたり、手入れをしたりできるようにしています。

クローゼットの中に、何がどれぐらいあるのかを自分でしっかり把握し、それぞれをきちんと手入れしていれば、毎日、選ぶのが楽しくなるでしょう。それを着て出かけたり、人と会ったりするのが楽しみにもなります。

祈るように装うことで、人生の喜びが何倍にもなるのです。

休息する

たましいが安らぐ最高のリフレッシュを自分にプレゼントしてください

あなたはしっかり休めていますか？

休むなんて簡単だと思ってはいけません。休むときも、心をこめて、祈るように休んでください。

「絶対に楽しむ」「絶対に喜ぶ」などと目的をはっきり決めて、その時間を過ごすことです。なんとなくダラダラ過ごす休日ほどもったいない時間はありません。

たとえば友人と食事に行く場合も、「今日は絶対に楽しい時間にする」と決めて出かけましょう。あるいは「絶対においしいものを食べる」と決めてもいいでしょう。

そのためには、適当なお店に行き当たりばったり入るのではなく、事前に調べて、予約を取っていくはずです。

楽しみを創造するときは、生け花でいう「真《しん》・副《そえ》・控《ひか》え」というメリハリが大切です。「真」は、メインとなる華やかな花、「副」は、それを引き立てる可憐な小花、「控え」は、両者のバランスを取る緑や枝などです。

たとえば食事会のメインとなる「真」は何か、おいしさなのか、友人との会話なのか。あれもこれもと欲張らず、何かひとつに焦点を絞って、味わい尽くそうとする姿勢が必要です。

旅行に行く場合もそうです。メインとなる目的は何なのか、観光なのか、食事なのか、家族との思い出づくりなのか、ひとりでのんびりしたいのか。

「真」を決めれば、必然的に「副」「控え」も決まってきます。

せっかくの休み時間、せっかくの休暇です。ただぼんやり食事をしたり、なんとなく出かけたりするのはもったいない。

あなたのたましいが本当に安らぐこと、「真」となるメインテーマを見つけて、しっかり計画を立てましょう。

最高の休暇、最高のリフレッシュを自分にプレゼントしてあげてください。それが祈るように休むということです。

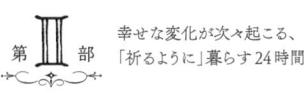

働く

仕事の苦労は、スイカにかける塩のようなもの。それがあるから味わい深くなるのです

祈るように仕事をするとは、感謝の心を持って働くということです。

その仕事をすることで食べていけるという感謝。
その仕事で人の役に立てるという感謝。
仕事があるからこそ休暇も取れるという感謝。
……

ほかにもたくさんあるでしょう。もちろん仕事そのものは楽しいことだけではありません。いやなこともつらいこともあります。
けれど、プラスを得るためには、マイナスも引き受けなくてはいけません。

それはお汁粉《しるこ》やスイカにかける、ひとふりの塩のようなもの。甘味やうま味をより引き立たせてくれるものなのです。

仕事に苦労はつきもの。苦労があるからやりとげたときの達成感があるし、休暇の喜びもひとしおになる。

それらを思えば、仕事に対しては感謝しか出てこないのではないでしょうか。

ありがたいと思って、すべてに感謝をしながら仕事をする。

あとで来るプラスを想い、マイナスも笑顔で引き受ける。

そういう人が仕事で成功していくのです。

お金を使う

祈るように使ったお金は、あなたのもとへ必ず返ってきます

お金は、基本的には労働の対価として手に入るもの。ですから、お金を大切にすることは、自分の労働と、それにかけた時間を大切にすることにつながります。

お金は、祈るように使ってください。

働くことができて、お金を得ることができた。そのことに感謝しながら使うことです。

そうすれば、無駄遣いなどできません。どうでもいいようなもの、すぐに飽きて捨ててしまうようなものにお金を使うなんて、もったいなくてできなくなるはずです。

自分自身が本当に意義あると思えることに対して寄付をするのも、とてもいいことです。それは今、自分が生かされているこの世の中に対しての「感謝」の表明です。

見栄や世間体から、寄付金をしぶしぶ出すのでは意味がありません。

お金は、水と同じだと考えてください。溜《た》めて動かさない水は澱《よど》んで汚れます。お金も目的もなく貯めこむと、澱みます。

清らかな清流をイメージしてください。清らかに入ってきて、清らかに流れ出ていく水のように、お金も流していけばいいのです。そうしないと、社会の経済が循環せず、停滞してしまいます。

ただし、流し過ぎると濁流になったり、涸れてしまったりするので、入ってくる量を見ながら、少しずつ流して美しい状態に保つことが大切です。

ご祝儀などのおつきあいのお金を出し渋る人がいますが、それではお金が澱んでしまいます。余計な出費だなどと思わずに、気持ちよく祝福の気持ちをこめて贈りましょう。ささやかでも、自分の身の丈に合った額であればいいのです。

そんなふうによく考えて、感謝と祈りをこめて使ったお金は、必ず自分のもとへ返ってきます。感謝も祈りもこめず、適当に使ってしまったお金は返ってきません。

子どもと一緒です。祈るように心をこめて育てた子どもは必ず、親のことを想って帰ってきます。祈りをこめずに育てた子どもは、親のもとから離れていきます。

叱る

数少ない「叱る必要」のある場面を見極めましょう

子どもを叱るとき、祈るように叱っていますか？

きつい言葉で叱ってしまって、あとで後悔する人が多いのですが、それは叱る言葉の中に愛をこめていないからです。

叱るという行為は、子どものためにすること。自分の苛立《いらだ》ちをぶつけることではありません。

叱るとは、相手の幸せを考えて、注意を促したり、指導したりすること。その中には、「大我《たいが》の愛」がなくてはいけません。

繰り返しますが、「大我の愛」とは、ただひたすら相手のことを想う愛。それとは逆に、自分のことを考えて、自分の利益のために愛するふりをするのは「小我《しょうが》の愛」です。

子育てをしていると、いつの間にか、小我の愛に陥りがちです。

子どものためを想って叱っているつもりが、実は自分の理想や望みを押しつけているだけ、ということが多いのです。そうなると、次から次へと「注文」が出てきて、四六時中、叱っていることになりかねません。

叱らなくてはいけないことは、実はそれほど多くはありません。

他人に迷惑をかけるとか、命に危険が及ぶようなことをしていたり、自分のたましいを粗末にしている場合です。

そういう場合は、厳しく叱ってください。そこに甘えを入れてはいけません。愛するからこそ、厳しく、祈るように叱るのです

大我の愛から出た行為であれば、その想いは必ず子どもに伝わります。それが子どもを支え、生きる力となるのです。

話す

いつでも「これが最後」と想って、言葉を紡ぐ。その言葉は、あなた自身をあたためます

言葉には、人の生き方が出ます。

その人が生きてきた人生と、本当の性質が出るのです。

ですから、祈るように生きている人は、祈るように言葉を紡《つむ》ぎます。決して言葉をぞんざいに扱いません。相手に伝わるように、愛と感謝をこめて、一つひとつの言葉を発していきます。

そうすれば、失言することなどありません。つい言ってしまったひと言で、誰かを傷つけて後悔することはなくなります。

たとえば、「あなたなんか大嫌い」と言って別れたとしましょう。その日に、相手が亡くなる場合もあるのです。私たちはいつも別れと背中合わせで生きています。そ

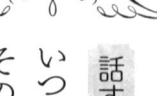

のことをつい忘れて、深く考えずに言葉を発してしまいます。

私は以前、『最後だとわかっていたなら』という言葉を紹介しましたが、そこにこめたのは、「祈るように生きてほしい」「祈るように言葉を紡いでほしい」という想いです。

言葉を口にする前に、「これが最後だとわかっていたら、自分はこんなことを言うだろうか」と考えてほしいのです。

いつでも「これが最後」という想いで、相手に対して言葉をかける。

その言葉は、どれほどやさしく、どれほど明るく、どれほど美しいでしょう。

いつも、誰に対しても、祈るように話してください。愛をこめて、言葉を紡いでください。

その言葉が発する光は、相手に届くだけでなく、あなた自身を照らし、あたため、勇気づけるものになるのですから。

学ぶ

日常の中にある「なるほど!」を大切に。それだけで人生が大きく変わります

何かを「学びたい」と思うとき。それは、あなたが「変わりたい」と願っているということです。英語、着つけ、フラダンス……、興味をひかれるものがあるなら、何にでもチャレンジしてみましょう。私たちは、学ぶことで成長します。そこから新たな世界が広がることもあるのです。

私の場合は、子どもの音楽教室につき添っていったときに、それに刺激されて自分自身が「音楽を学びたい」と強く想いました。それをきっかけにオペラのすばらしさに目覚めて、音楽大学に入り直して基礎からレッスンを受け、やがて武道館という大舞台でお客様に聴いていただけるようにもなったのです。

探求心や好奇心、学究心を持つか持たないかで、人生は大きく変わります。

学ぶきっかけは、日常の足元にあります。人間関係から、世の中の動向から、季節

のうつろいなどの自然の営みの中からでも、私たちは学べます。そのためには、「学ぼう」とする姿勢を常に持っていることです。

何かが起きたとき、ただ「悲しい」「うれしい」といった感情だけでなく、「なるほど」と思える瞬間があるはずです。それを見逃さないでください。そこに学びの種が潜んでいます。それに気づかないと、せっかくの体験から学ぶことができません。

自分の体験だけでなく、人の体験を見るだけでも学べます。「人のフリ見て、わがフリ直せ」という諺《ことわざ》があるように、人の行動を見て自分の生き方を反省したり、逆に、いい行動を見て、自分もそれをマネしたりできるでしょう。「学ぶ」は「マネる」から始まるのです。

何より、自分自身について「気づく」ことも大切です。周囲のできごとのすべては、自分の心の映し出しですから、それに「気づく」ことで自分の本当の姿が見えてくるのです。たとえば交通事故を見かけたら、「ああ、怖い」だけでなく、自分にも迂闊《うかつ》なところがないかどうか、命を大切にしているかどうか、考えてみてください。

私たちは、「学び」そして「気づく」ためにこの世に生まれてきました。たくさんの学びと気づきの先に、本当の幸せがあるのです。

旅をする

ひとり旅は、人生の縮図です。「出会い」という奇跡を楽しみましょう

ひとり旅をしたことがありますか？　もしないなら、ぜひ一度してみてください。

人生は、旅です。それも、ひとり旅なのです。人はみんなひとりで生まれて、ひとりで死んでいきます。一時期、ともに生きるパートナーや家族、友人はもちろんいます。けれど、それぞれがひとりで、それぞれの人生に責任を持たなくてはいけません。

ひとり旅は、そんな人生の縮図です。どんな旅をするかで、その人の生き方がわかります。名所旧跡を巡ることだけに必死になったり、お土産を探すことで頭がいっぱいな人は、ふだんからモノに振り回されていることが多いものです。誰かと一緒でないと旅行に行けない人は、依存心が強くないか、振り返ってみてください。

ひとりで旅をすると自立心が育まれます。旅の計画を立てるところから始まり、旅先ではひとりでアクシデントにも対応し、ひとりでさまざまな人と出会うのです。誰

かに依存することはできません。ひとりで列車に揺られたり、飛行機の窓から雲海を眺めたりする時間の中で、深い内観もできるようになるでしょう。

そこには、誰かにお任せの団体旅行にはない喜びと感動があります。

とくに旅先での人とのかかわりは楽しいものです。初めて訪れる街のバス停で隣り合う、その出会いの奇跡的な確率を考えてみてください。

「いいお天気ですね」という会話だけでもいいのです。「どちらからですか？」などと話がはずみ始めればもっとうれしくなるでしょう。

実は、日常的に私たちの周囲にいる人々、家族や友人、仕事仲間などは、旅先でふとふれ合う見知らぬ人と同じなのです。一瞬だけ同じ時間を過ごし、語り合い、お互いを少し理解し合って、別れていく。その時間の長さに違いがあるだけです。

ずっと一緒にいると思うから不平や不満も出てきますが、「袖ふれ合った多生の縁」と想えば、旅先での出会いと同様、笑顔で話し、笑顔で別れることもできるようになるのではないでしょうか。

旅に出ると、そんな気づきがたくさん得られます。祈るように、ひとりで旅をしてください。

買う、捨てる

「一生、使えるもの」を買いましょう。「ひとつ買う前に、ひとつ捨てる」も忘れずに

ショッピングは楽しいものですが、同時に難しいものでもあります。必要のないものを買いこんで後悔したり、逆に買いそびれて悔しい想いをすることも多いでしょう。

ポイントは、それを「一生使えるか」どうかです。

一生使えるものを、買いましょう。あなたの人生に伴走してくれるパートナーを探すつもりで、買ってください。

その意識を持っていると、「安物買いの銭失い」にはなりません。

そして、新しいものをひとつ買ったら、古いものをひとつ捨てる。これを徹底することです。そうすれば、家の中がモノであふれることがなくなります。

家の中がモノで雑然としていると、心の中まで雑然としてきます。家は、自分の心の映し出しなのです。

何かモノを買いたくなったときは、買う前に捨てるぐらいの気持ちでいいでしょう。そうすれば、気持ちもさっぱりと整理できて、いい買い物ができるはずです。

捨てるときは、「いつか使うかも」「いつか着るかも」と考えないこと。そういう「いつか」は絶対に来ません。一年間、使っていないものは、不要なものなのです。

企業が宣伝のために配るようなモノや、ダイレクトメールやチラシ、二度と見ることがない書類などが山積みになったリビングをよく見ますが、必要のない書類はすぐにシュレッダーにかけ、使いそうもないモノなどはもったいないと思わずに捨てるか、使いそうな人にあげましょう。その前に、不要なものはもらわないことです。

昔の写真などは、データ化して保存すればいいし、年賀状も、住所さえ記録してあれば、あとは処分しても問題ありません。年齢を重ねて、死が視野に入ってくる時期には、そういう想い出にまつわる品々の片づけも本気で始める必要があります。

モノがなくなると、心がラクになります。

片づけも、一九八ページで書いた「小さな奮起」です。いろいろ考える前に、まず動くこと。それが、心おきなくすっきりした人生を楽しむための、最初の一歩です。

直観力を磨く

ビビッと来ても、あわてて動かないこと。「直観」を役立てるには「経験」が必要です

あなたは「ピン」とくる経験をしたことがありますか？

その直観に従って行動し、うまくいったことがあるでしょうか？

インスピレーション、すなわち直観力がブームのようになっています。出会った瞬間「ビビッときた」から結婚したという話もよく聞きますが、実はその直観力には注意が必要です。直観力だけでは、役に立たないからです。

経験と感動の積み重ねがあって初めて、直観力を役立てることができます。

老成した人が、何か起きてもあわてずに「こういうときは、こうなるものだ」と達観して、実際その通りになるのは経験が豊富だから。その裏づけのない直観は危険です。

直観に従えば、すべてうまくいくとは限らないのです。それは、「ビビビ」婚がうまくいかない場合が多いことからもわかります。

たとえばベテランのドクターが患者をひと目見ただけで、「これはちょっと重い病気だな」と「ピン」とくることがあります。その流れで問診をすれば、直観が確信に変わる。「病気を診ずして、人を見る」という言葉がありますが、名医とはそういう人です。若いドクターだと、直観があっても経験がないため、その意味がつかめずに使いこなすことができません。

直観力を磨くことだけなら、誰にでもできます。心を無にして瞑想したり、規則正しい生活をすることなどで、感覚は研《と》ぎ澄《す》まされます。

けれど、直観力の源に、経験に裏づけられた「心眼《しんがん》」、すなわち「心の眼」が必要なのです。直観を得ても、「なんだろう？」ということになるだけ。料理のできない人に、高級な和牛が贈られたようなものです。いいものが届いても、うまく使いこなせないのです。

「心眼」を身につけるのは一朝一夕にはできません。さまざまな経験と感動を積み、日々集中して祈るように生きることで初めて手に入れられるものです。

日々の暮らしの中で地道な経験を積み重ねましょう。その先に、インスピレーションがきらりとひらめき、役立つときが訪れるのです。

芸術にふれる

ほんものの芸術にふれると、あなたの中に「神の心」が甦《よみがえ》ります

あなた自身の中に、「神様」がいることに気づいていますか？

神とは、「真《しん》・善《ぜん》・美《び》」、そして「愛」のことです。

人の心の中には、必ず神が存在します。だから私たちは芸術の中に描かれる「真・善・美」に憧れるのです。自然の美しさも同じです。山海の美を眺めていると、どんな芸術もかなわないとさえ思えてきます。

私たちは、芸術や自然にふれることで、自分の中の神の存在を思い出すのです。

ですから、できるだけ多くの機会をつくって、美術館や映画館、劇場などに足を運んだり、自然の中へ出かけたりしてください。そこで「真・善・美」にふれることで、自分自身を見つめ直すことができます。神から遠ざかっていたなら、それを思い出す、いいきっかけになるのです。

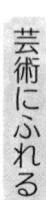

ただし、世の中には「真・善・美」を映し出していない作品もあふれています。たとえばホラー系の映画や小説などには、すぐれたものもありますが、基本的には恐怖という感情を刺激して、ストレス発散するためのものです。

芸術作品には、非常に美しく崇高なものからグロテスクなものまであり、その質は光から闇へのグラデーションです。たとえばユトリロという画家は、アルコール依存症で精神を病んでいて、自分のリハビリのためにとても暗い色調の絵画を描いています。それが今、高く評価されていますが、共感を抱く人が多いからでしょう。

そういった闇に近い芸術にふれることで、私たちは本来の「真・善・美」という光を思い出すことができます。闇を見るから、光がわかるのです。その意味で、価値がないとはいえませんが、あまりにその世界観に感化され過ぎるのは危険です。

自分が心惹かれる作品には、自分の心が映し出されるもの。高尚な作品が苦手だったり、ドロドロしたものが大好きだったりする場合は、今の心の状態を振り返りましょう。

そして、「真・善・美」を描いたほんものの芸術にふれて、神の心を取り戻してください。難しいことではありません。もともとあなたの中に神は存在するのですから。

季節の行事を味わう

日本はリナーシェの国。季節ごとに生まれ変わることができるのです

お正月、節分、ひな祭り、衣替え……。日本には、季節にメリハリをつける行事がたくさんあります。これは、日本が「リナーシェの国」であることの証拠です。

季節や年が変わることをきっかけに、自らも「再生」しようとする知恵があったのです。それまで積もった垢《あか》をデトックスする、お祓《はら》いをする意味もあったでしょう。

とりわけお正月は、その準備にみんな奔走《ほんそう》します。大掃除、お節《せち》づくり、年越しそば、除夜の鐘、さらに下着まで新品に替える人もいるでしょう。すべてはリナーシェ、再生のためです。その意識を忘れて、ただの儀礼として行なうのでは意味がありません。一年元気に過ごせたことを感謝し、新しい年にはまた生まれ変わったような気持ちになって意欲や意志力を高める、そのための行事です。

私たちはいつでも生まれ変わってやり直すことができますが、それを確かめるシミ

ユレーションのようなもの。そう想って、新年を迎えてください。

節分は、文字通り「季節を分ける」とき。再生を妨げる悪いエネルギーを跳ね返すために豆を撒《ま》きます。

ひなまつりも、もともとはお祓いの行事でした。人型の人形に穢《けが》れを託して流していたのが、いつの間にか女の子の無事な成長を祈る行事になったのです。

お花見やお月見はレクリエーションに近いのですが、それでも周囲の人たちと一緒に花や月を愛《め》でながら宴を楽しむことでコミュニケーションが取れます。

昔の人たちは、今より近所の人や親族などと助け合う機会が多かったので、周囲と和合するきっかけが必要だったのでしょう。そのために季節の美とうつろいを利用したのです。宴で親睦を深め、不平や不満を解消し、コミュニティを再生させる。知恵のある優雅な風習だと思います。

こういう節目、節目を大切にするのは、日本ならではのよさです。

今は季節の行事が形式的なものになりがちですが、それぞれに、リナーシェへの願いがこめられた大切なもの。その意味を感じ取りながら、暮らしの中にぜひ取り入れてください。

人生の節目を祝う

遠くにある聖地だけではなく、自分の街の氏神様《うじがみさま》にもご挨拶を

年齢にかかわる行事も、日本にはたくさんあります。

生後すぐの「お宮参り」、三歳、五歳、七歳のお祝いをする「七五三」、二十歳の「成人式」など。これらは「ここまで成長することができました」と神様へご報告する節目の行事です。

還暦（六十歳）、古稀《こき》（七十歳）、喜寿《きじゆ》（七十七歳）、傘寿《さんじゆ》（八十歳）、米寿《べいじゆ》（八十八歳）、卒寿《そつじゆ》（九十歳）、白寿《はくじゆ》（九十九歳）という長寿のお祝いも同じです。「ここまで無事に生きてこられました」というご報告なのです。

神様というと、それぞれの宗教で描かれる擬人化した姿がイメージされるでしょうが、心霊学的にいえば、自然霊です。一種のスピリチュアルなエネルギーだと考えてください。

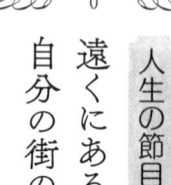

日本古来の神道では、「氏神様《うじがみさま》」が、それぞれの土地を守る神様とされています。年齢にかかわる節目の行事、季節の行事の折々に、そして結婚や事業を始めたときなどの人生の節目にも参拝したいのが、この氏神様です。

今、こうして無事に迎えた節目。ここに来るまでにさまざまな苦労や喜び、挫折や成功があったけれども、ともかく今こうして生きて在《あ》ることができた。それは見方を変えれば、奇跡です。そのことへの感謝、ありがとうございますという想いを、目に見えない力に対して伝えるということです。

また、この先もさまざまな経験と感動を味わいながら、自分の使命を果たすべくチャレンジを続けます、という想いを新たにするきっかけにもなるでしょう。

何も遠くにある聖地だけがパワースポットではありません。あなたの暮らす街を守る氏神様にも、ご挨拶とご報告を忘れないでください。

どの神社に自分の街の氏神様が祀られているかわからない場合は、神社庁に問い合わせるといいでしょう。家の近所に神社があるからといって、そこが氏神様だとは限らないので注意してください。

亡き人を偲《しの》ぶ

人の命について考える機会を、できるだけたくさん持ちましょう

お盆や命日にお墓参りをする。これは日本のいい風習ですが、スピリチュアルの視点からみれば、亡くなった人の霊との交流は、お盆や命日に限るものではありません。故人の霊は、いつでも私たちの世界を見ていて、私たちが語りかける言葉を聞いています。お盆だけにしか帰ってこないとか、想いが通じないということはないのです。

「今年はお盆にお墓参りができませんでした。亡くなったおばあちゃんが悲しんでいないか気になっています」と言う人がいます。

確かに、お盆は現世に帰るものと思っている霊はいますが、それは日本の習慣だからそうするものだと思っているだけ。気になるなら、お盆に限らず、心の中でいつでも語りかければいいのです。

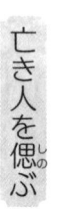

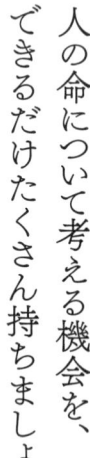

お盆や命日は、一種の記念日のようなもの。

たとえば、母の日にしかお母さんのことを考えない、ということがないのと同様に、お盆や命日のときにしか亡き人のことを考えないほうがむしろ不自然です。

ただ、その日をきっかけに、改めて亡き人を偲《しの》ぶということはあるでしょう。その意味でお盆や命日は大切にしてください。

そして、自分の命もまた、はかないものであることに想いを馳《は》せてください。

いつかはその人たちが待つ世界へ自分も行くことになるのです。それを考えることは、不吉なことではありません。むしろ限られた時間を意識することは、今を大切にすること、命を尊ぶことにつながります。


子どもに対しても、お盆や命日をきっかけに、亡くなった人の思い出話をしたり、人はいつか死ぬ、ということについて一緒に考えたりしてください。

祖父母など肉親の誰かが亡くなるときには、その臨終に立ちあわせることも、とても大切です。

日ごろ、どれだけゲームに熱中していても、現実の死がそれとは違うことぐらいわかります。もし何の感情も示さないような子がいても、それは照れ隠し。心の中ではさまざまな感情を味わっているはずです。

人の命について考える機会をたくさん経験することは、子どもにとっても大人にとっても大切なこと。

今という時間をより濃密に過ごすために必要なことなのです。

（了）

スピリチュアル・リナーシェ　祈《いの》るように生《い》きる

著　者——江原啓之（えはら・ひろゆき）

発行者——押鐘太陽

発行所——株式会社三笠書房

〒102-0072 東京都千代田区飯田橋3-3-1
電話：(03)5226-5734（営業部）
：(03)5226-5731（編集部）
http://www.mikasashobo.co.jp

印　刷——誠宏印刷

製　本——若林製本工場

編集責任者　本田裕子
ISBN978-4-8379-2714-3 C0030

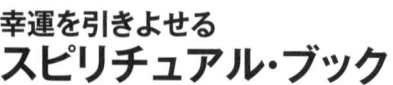